MEMORIES OF HONGKEW

爱上北外滩 · 关于虹口的记忆

主编：李天纲 王启元

虹口港

HONGKEW RIVER

上海人民出版社

本书获虹口区宣传文化事业专项资金扶持

《虹口港》编纂委员会

主　任

吴　强　郑　宏

主　编

李天纲　王启元

副主编

陆　健　李　俊

策　划

虹口区地方志办公室

虹口区档案馆

题　解

虹口港本为吴淞江下游（旧江）一处泄洪孔道，明代开浚黄浦江后，虹口港便为沟通吴淞江与黄浦江的支流。民国以后吴淞江下游主航道自太阳庙至沈家湾段淤积严重，最终被填为马路，虹口港只能与其沈家湾下游主干的沙泾港（亦名俞泾浦）沟通，沙泾西尚有一故吴淞江支流芦泾浦，二泾与虹口港交汇于沈家湾、今嘉兴路桥附近，组成了今虹口区境内的地面水系，整个水系在地图上大致呈 Y 状。另虹口港中虹桥下历史上有一条东西向的小河“新记浜”，此数河沿岸分布了众多重要的虹口文化地标，本书将一并讨论，谨以“虹口港”统摄全书。篇目内容沿河道自北向南排列。

目 录

北外滩的历史由来和文化特征

李天纲

“北外滩”这个名词是新的，大概在2000年前后才出现，误差不会超过一两年。记得是南市区政府提出“南外滩”概念，意在招商引资，改造十六铺码头地段。相应地，虹口区也有了“北外滩”的说法，也是想延伸“外滩”概念，引人注目，突破市政建设的困局。稍后杨浦区也搭上来搞了一个“东外滩”方案，不过现在应该是被“杨浦滨江”的说法覆盖了。按我的理解，现在说的“北外滩”，大概是包括了大连路以西，吴淞路以东，杨树浦路、长阳路一带的沿江区域。这块区域，历史上属于虹口、提篮桥，说大不大，说小不小，但确实是上海开埠后现代市政最早发育的老市区，次于南市、黄浦，但比静安寺、卢家湾等离岸（off shore）区域早很多。

2003年，新黄浦集团为“外滩半岛”项目召开论证会，专家有杨嘉祐、罗小未、郑时龄等，我也被邀请参加了。当时确实是我先提出来，“外滩半岛”名称不好听，因为“半岛”一词没有来历，大家不知道新黄浦集团是想以此名称来吸引香港半岛酒店投资。我贸然说，现在大家南外滩、北外滩地抢“外滩”，不如把这块外滩起源的地方命名为“元外滩”，还说了一番外滩起源于此的理由。集团的一位副总说，那我们用“外滩源”好不好？大家都说好，于是就定了。提这段往事，一方面是想澄清一下“外滩源”得名传说中的不同说法，另一方面是要回答一个问题“为什么要叫北外滩”。大家知道，“外滩”（Bund）是一块金字招牌，都想分享。不但上海人抢注“外滩”，广州也有把珠江沿岸老洋场称为“广州外滩”，宁波近年来则改造了相当于北外滩地段的“老外滩”。汉口江堤改造，开始用“外滩”，历史学家章开沅先生说不要事事都跟上海，要有自信，才改作了“江滩”。“外滩”，在19世纪是沿海、沿江通商口岸的前沿地带，在21世纪初则成为一个“再全球化”的符号，形如一条古老大陆的岸线，一字般地敞开胸怀，面向大江、大海、大洋，与世界其他文明相连接。

“北外滩”地区，历史上是上海美租界沿江地带的一部分。虹口地区自1848年划给美国侨民居住，后来成为美租界，到1899年合并到公共租界。美租界占据狭长的沿江岸线，面积广大，商业繁荣虽不及“外滩”英租界，但“北外滩”地区的港口、居住、产业、商业、娱乐业曾经远远地领先于“南外滩”的法租界，是上海最早发达的区域。美租界有两条发展路线，一条是生活路线，沿着吴淞路、乍浦路、北四川路（今四川北路）一路往北，发展商业，北苏州路、天潼路、武昌路、塘沽路、昆山路、海宁路、武进路都是它们的横马路，逐步向江湾镇方向逼近。另一条是生产路线，沿着滨江地带向东开拓。早期的码头、仓库、货栈、工厂等产业都在这里发展。这里的马路都和黄浦江平行，早期开发的有扬子江路、黄浦路、大名路（接东大名路）、长治路（接东长治路）、汉阳路（接东汉阳路）、余杭路（接东余杭路），后来往提篮桥、杨树浦方向延伸，杨树浦路、平凉路、长阳路依次就成为这一区域内的主要马路。

虹口、提篮桥、杨树浦如毛细血管状分布的马路，每条都有150年以上的历史。千万不要小看“北外滩”这一块区域的文化价值，要知道虹口是与黄浦一起从江岸开始发展的，“以港兴市”，它的市面兴起比静安寺、卢家湾、愚园路、虹桥路地区都要早得多。我一直认为，讲近代上海文化，东区比西区更早，也更重要。西区的徐家汇1847年就建设了，但它是教区型社区，是华界里的特例，风貌习俗和市区迥异，应单独处理。虹口则不同，这里自同治年间（1862—1874）以后不断发生惊天动地的大事件，堆积了无数可歌可泣的人物和故事。别的不说，我们要讲中国近代史上的“杨树浦工业奇迹”“商务印书馆事业”“全面抗战”“大上海计划”“左联文艺”等事件，讲文惠廉、林乐知、李鸿章、宋氏家族、颜惠庆兄弟、胡适之、周树人等人物，都要从虹口、“北外滩”开始。现在还活着的电影、话剧，已经快要成为“非遗”的越剧、沪剧、锡剧、淮剧、滑稽戏，都诞生在这一块市民生活土壤。如果说“海派文化”是上海的市民文化，那么虹口（北外滩）地区才是真正的发源地。

因为在复旦大学哲学学院宗教学系教课的关系，我常常带大家看上海的教堂。和一般旅游一样，“下车看庙”，宗教场所总是最能记录当地历史、最富艺术感染力的地方。2018年12月，给一群书友策划了一个上海东区教堂建筑艺术之旅，从四川路北的鸿德堂开始，走过昆山路的景灵堂、外滩源的新天安堂、江西路的圣三一堂，四川南路的圣若瑟堂。这条线路非常不错，其中的鸿德堂、景灵堂位于北外滩地区。鸿德堂的建筑风格是中华庙宇风格，背后有商务印书馆的辉煌历史；景灵堂原名“景林堂”，是纪念著名教士，也是清朝“洋务运动”推手林乐知（Young J. Allen，1836—1907）的场合。教堂周围建筑原属“中西书院”，是上海和中国最早的新式教育机构之一，后来并给了东吴大学，开办法学院，地位之重要不言而喻。更有意思的是，林乐知是宋氏三兄弟、三姐妹父亲宋耀如的长上，当初看不大上这位只懂英语、不会说国语的华籍牧师。宋耀如不得已下海做生意，多年后遂有了孙宋结合、蒋宋联姻的故事；逸闻被记在《金陵春梦》这样的小说里，但这些邻里事件就活生生地发生在景林堂，居民耳熟能详。

往东去到“北外滩”的沿江地带，我建议依次看看俄罗斯领事馆（1916 年，黄浦路 20 号），仿文艺复兴式建筑，是俄罗斯在海外最豪华的使领馆建筑，不亚于圣彼得堡的宫殿。对面的今上海证券博物馆大楼，曾为浦江饭店、上海证券交易所，原址是 1846 年开业的礼查饭店（Richard’s Hotel，1860 年改名 Astor House）。这幢仿文艺复兴式建筑落成于 1910 年，其罗马剧院式大厅可以容纳 500 人的盛宴和舞会，是远东最精美的宾馆。美国总统格兰特、哲学家罗素、科学家爱因斯坦、影星卓别林住过的房间，现在还都挂有标牌。黄浦路不长，是上海最早的领馆区，俄罗斯之外，日本领事馆（106 号，今黄浦饭店）、美国领事馆（60 号，今毁，原址建为海鸥饭店）、德国领事馆（80 号，今毁，原址建为海鸥饭店），以及奥匈帝国、丹麦、比利时、葡萄牙、西班牙、挪威等共 10 座重要国家的领事馆，这一区域高端客源是礼查饭店的支撑。

民国初的外白渡桥北堍。有尖顶的建筑即礼查饭店，左侧建筑为北苏州路 1—2 号，1930 年拆除，在原址建百老汇大厦（今上海大厦）

再往东去，因为拆去的建筑太多，文脉中断，已经不能成片地加以叙述了。不过，还有几幢保留下来的重要建筑很有意义，值得参观。位于东长治路 505 号的原雷士德工学院（1927 年），共有主体大楼等四个建筑群，占地 1 万多平方米，建筑面积 19900 平方米，1934 年落成。雷士德（Henry Lester，1840—1926）是英格兰人，是位列沙逊、哈同、嘉道理之后的大房地产商人，还是著名建筑和规划师，工部局、公董局董事。他没有子女，死后安葬在上海的英国人公墓（英国坟山，今静安公园）。他所有的财产都立为“雷士德基金会”，生前、身后建造了无数慈善项目，等于是为上海市民义务劳动了

1934 年雷士德工学院落成图

一辈子。位于“北外滩”的雷士德工学院，加上北京西路上的雷士德医学院，是英、美学术背景，办学实力一举超过德国背景的同济医工学院。1937年日军侵占提篮桥地区后，被用作宪兵司令部，雷士德工学院遭到破坏，这所臻于一流水平的大学便一蹶不振，就此消失。1945年，吴淞商船学校（今上海海事大学）在雷士德工学院大楼复校；1953年，上海海员医院搬入。因为大楼一直在使用，维护状况算不错，现在作为市级文物保护单位保下来了。我认为，上海人都应该记得这段光荣而委屈的历史，将这幢大楼作为铭记“北外滩”100年历史的博物馆，是非常合适的。

2010年4月15日去提篮桥下海庙评审《下海庙志》，看到东余杭路三层楼的街面房子还在，那是父亲从小生活的街区，看样子也是肯定要拆除的。我出生在虹口，父母结婚前分别住在提篮桥和海宁路；长大则是在吴淞镇，那时候属于杨浦区。父亲工作单位在平凉路上的纺织科学研究院，亲戚、朋友都在虹口，小时候在周末、节假日就经常回到“北外滩”地区，对这里还比较熟悉。从目前的情况来看，由于“杨浦滨江”的保护性开发，杨树浦路外侧的老工业园区保留下来不少，发电厂、自来水厂、煤气厂，都是19世纪维多利亚时代式样的红砖建筑，当年的“杨树浦工业奇迹”一目了然，也很耐看。

“北外滩”的核心地带，现在都已经改造得差不多了。1949年以后的上港三区是由历史上的黄浦（招商局）、汇山（美海军陆战队）、杨树浦（大阪）、华顺（怡和）、公平（招商局第一）等码头联合而成，在“北外

1934 年英国驻上海总领事与国民政府教育部部长王世杰（左二）参加雷士德工学院奠基典礼

雷士德工学院奠基碑

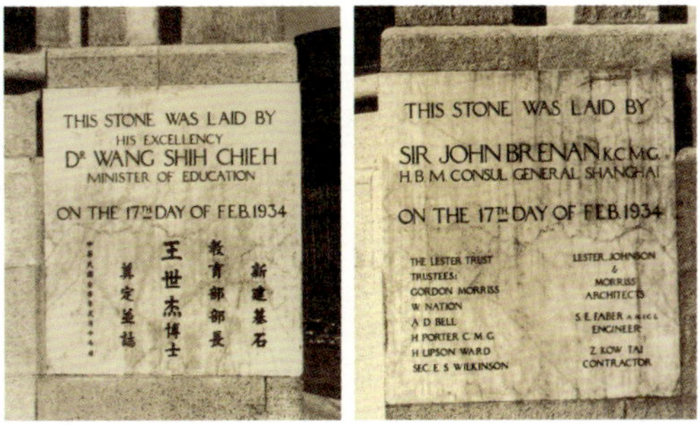

滩”的东段，岸线长1121米。“北外滩”的西段，是上港五区码头，由历史上的公平路（招商局第一）、高阳路（公和祥）、外虹桥（民生）码头组成，岸线长1113米。“北外滩”最西段的一小段270米岸线，是著名的扬子江码头，原为日商邮船株式会社所有，第二次世界大战后由招商局接收，1949年以后则由海军接管。这座码头除了有海军驱逐舰常年驻守外，只有大型国际邮轮、访沪舰船和外事礼仪船只才能停靠。由于东大名路、杨树浦路以南到黄浦江边都是封闭的港口作业区，港区内的情况市民并不了解。这里面曾经有大量大型建筑，包括仓库、货栈、机修间、写字间，它们见证过鸦片贸易、犹太难民、白银外流、日舰“出云号”等风云变幻。

提篮桥地区有保留可能的是舟山路、霍山路一带的“犹太难民纪念馆”。这里有些建筑建于19世纪末，有100多年历史，建筑艺术价值很高。20世纪30年代，这里曾作为犹太难民隔离区。犹太人的“离散”（Diaspora）经历，使得这个街区闻名全世界，也令上海在各国媒体上的美誉度极高。据我知道，“上海犹太人”曾经立意要建一个“犹太文化公园”，可能性当然不大。但是这个社区作为犹太人、上海人共同度过第二次世界大战艰辛的纪念地，大概会一直保存下去。离犹太难民纪念馆不远，长阳路147号有提篮桥监狱大楼，1903年由上海工部局建造。号称“远东第一监狱”“文明监狱”，上海人称为“西牢”，南京路会审公廨判决的案子都在这里执行。监狱刚修好，就关进了重罪轻判的“苏报案”要犯章太炎、邹容。不用多说，我们都知道这两人在中华民国史上的分量。以后的100多年，提篮桥监狱执行过无数重案，若从该监狱和上海档案馆中检出文献资料，加以整理和陈列，简直就是大半部上海史，小半部中国现代史。

在我看来，北外滩，加上杨浦滨江（东外滩）地带，是上海保存“以港兴市”历史，叙述19世纪中国早期工业化过程的最佳场所。沪西沿苏州河一带也有工业遗址，但不及黄浦江下游的沿江地带那么典型，那么突出。我们在21世纪初提出不但要保护“新天地”这样的民居文化遗产，更要保护虹口、提篮桥、杨树浦沿江的“近代工业遗产”。现在看起来，保护下来，整修翻新的建筑和地段都非常漂亮，适于生活。现在各个城市，哪怕是二、三线城市也都努力发掘自己的社区文化资源，上海这样文化遗产极其丰富的大都市，应该好好珍惜。

上海的市政建设和房产持有曾经断裂，不像巴黎、伦敦、波士顿那样有几百年的延续性，他们比较容易进行社区保护。高地价的诱惑，低居住状况的煎熬，上海一轮又一轮的拆迁、改造是必然的。但是，即使面临“留”“改”“拆”的艰难抉择，我们还是应该想方设法，尽可能多地保留和改造，而不是一拆了之。如果新建筑建造标准很高，寿命很长，若干年后成为经典，为人传诵，当然也可以成为文化。但是，老建筑已经被确定为文化，何况很多新建筑20年后破败的样子，怕是成不了文化的。我们应该把文化优先的价值观明确了，放在应有的位置。改造后，保下来的是不可复制的文化遗产；拆迁后，树起来的是异地也可以兴建的商业功能，两相权衡，孰轻孰重，自是可以判断的。

上海热心文化遗产保护的人持实际态度，大家都知道像徐汇“衡复风貌区”那样整体的社区保护在其他地区很难实现了，“北外滩”历史建筑主要是选一些标志性建筑加以保留，点缀在新建筑中间，确定坐标，唤起记忆，效果也不错。比较好的例子是虹口区政府保存了工部局宰牲场（“杀牛公司”）旧址，改建成“1933 老场坊”创意园区。这个建筑规模宏大（占地 1.5 万平方米，建筑 2.63 万平方米），造型特别（四层楼房，异形通道供牲畜行走），每日可宰杀猪、牛、羊不下千头。站在这里，上海的消费能力、人口规模与卫生管理水平便可一目了然，真的和纽约、伦敦、巴黎不相上下。如果当初拆了，就无法体会到大都市市民生活的恢宏、庞杂和多样。还有，东大名路 378 号、旅顺路口上的上海远洋公司大楼，原是英商耶松船厂（后为上海船厂）1908 年建造的办公大楼，红砖、五层，腰围设联通阳台，饰以绿色琉璃瓦，中间还有箭塔矗立，是一座难得一见的维多利亚式城堡建筑，也是“北外滩”最有特色的标志性建筑。20 世纪 60 年代，东区、北区市民从杨树浦到外滩，坐 8 路（今 28 路）有轨电车看到这座大楼，就知道外白渡桥快到了。有一年驱车经过这里，幼年的记忆一下子就复苏了。希望这座市级文保建筑，继续为市民锚定往昔的记忆。

在上海的老建筑、老社区的保护上，我和陈丹燕、陈保平作家夫妇的观点一致，在外滩源、划船俱乐部、徐家汇源、土山湾、建业里、武康路、扬子江码头的保护和修复工程中，我们和同济大学建筑规划系教授郑时龄、阮仪三、伍江、常青、张松等建筑保护专家的观点也完全吻合。同济大学教授有的是院士，有的出任副校长、市规划局长，在古建保护上有较大的发言权。他们从技术的角度，我们从人文、历史的角度，相互补充，给区、镇、街道政府提出建议，尽力而为吧。如果把一个社区人、事、物的记忆，以影像、声音和文字的方式保存下来，则我们还可以去回顾。一座建筑的身骸终会毁去，但它的魂魄却可以被摄取下来，用作精神传统上的祭奠。

李天纲

晚清的虹口港

當

“因水而兴”：近代上海虹口地区城市化

张晓虹　罗　婧

1842年鸦片战争爆发。在英军坚船利炮的打击下，清朝政府被迫议和，签订《中英南京条约》。被迫开埠后的上海，于1843年11月在英国政府的胁迫下划出县城北部的一片荒地作为英国人居住区，是为英租界。1845年11月，法国政府再与上海道台议定，将上海县城与英租界之间的地区划定为法租界。1848年，美国传教士文惠廉（Bishop William J. Boone）与上海道台商议，在苏州河以北的虹口地区占据了一大片土地，成立美租界。1863年，经过多方协商后，英美租界合并。从此一直到20世纪40年代，上海形成了三方四界的市政管理模式。

学术界对开埠早期上海城市化特点与规律的总结基本上是以英、法租界为基础。相比起学界对英租界和法租界进行的大量研究，地处苏州河以北虹口地区的美租界因其城市化较为迟滞且资料较少，故研究一直比较薄弱。事实上，美租界时期的虹口地区早期城市化过程及其与英租界合并成立公共租界的历史对认识近代上海三方四界的城市管理模式以及区位条件对上海城市化进程，甚至上海开埠初期城市功能地域差异的形成都有着重要的学术意义。因此，本文试图利用在美国国会图书馆所藏的《1864—1866年虹口地区暨美租界地图》为基础，结合《上海道契》《行名录》《工部局董事会会议录》等历史文献中的记载，对开埠初期虹口地区城市化过程进行研究，分析英美

租界合并的驱动机制，希望通过这一研究为全面理解上海近代城市化特点及其机制提供实证案例。

上海美租界的设立与公共租界的建立

英国从第一次鸦片战争胜利中所取得的在中国通商的权利，让列强看到了在中国得到通商权的可能。因此，美国于1844年（道光二十四年）派遣全权公使顾盛

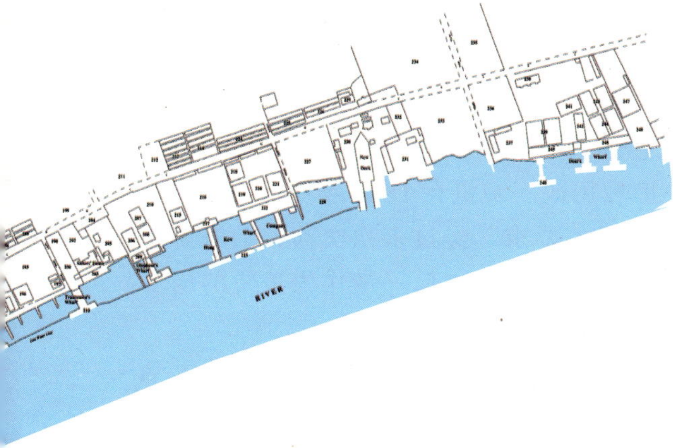

《1864—1866年虹口图》
局部放大图

（C. Cushing）来华商谈中美两国建交通商事宜。在双方多次交涉后，终于在7月3日澳门的望厦村签订了《中美望厦条约》。① 该条约的目的是为美国商人争取与英国商人同样的在开埠港口通商居住的权利，并承认美国在华拥有领事审判权。这一规定又在1858年6月18日订立的《中美天津条约》第十二款和第十四款中再次得到承认。自此，美国商人在中国的各开埠港口可以自由通商居住。

虽然在1844年的《中美望厦条约》中规定了美国享有与英国相同的在中国开埠港口居住经商的权利，并全权委派当时侨居在广州的美商弗生顿（Fessenden）任驻沪领事，但弗氏因故并未成行。1846年美国公使皮特尔（C. Biddle）只得委派当时上海唯一的美商华尔考脱（H. G. Wolecott）为美国驻沪代理领事，并在新划定的英租界内旧纤道（今九江路）设立美领事署。②

由于华尔考脱在美领事署升美国国旗受到英国领事的干涉，引发了美国侨民和法国侨民自辟租界的愿望与决心，因而本意在苏州河北岸虹口地区建造教堂的美国圣公会主教文惠廉利用此一契机在1848年向上海道台提出在虹口建立美租界的要求。经过多次交涉，上海道台终于口头答应以苏州河北岸的虹口一带作为美侨的居留地，但并无正式协定，也没有划定四界。

与此同时，1849年新任美国驻沪领事葛列司活（J. A. Griswold）开始积极为美侨争取自立租界的权益，但未获成功。1852年继任美国驻沪领事的克宁汉（E. Cunningham，在道契中译为金能亨，详下）就美租

①② 蒯世勋：《上海公共租界史稿》，上海人民出版社1980年版。

界事再次与上海道台交涉。终于在当年3月达成协议。这一协议不仅明确美租界的建立，而且将《土地章程》中原有的各国人民在沪租地须得到英国领事许可的规定废止，改由外商可以直接与原中国业主商议，只需将议定的契约缮写三份呈交本国领事官，由领事官转送上海道台核查钤印即可生效。这一规定在1854年英、法、美三国合订的新的《土地章程》中得到认可。租地条款的修订不仅为美侨在上海居住经商争得了权利，也为其他侨民的权益保障奠定了法律基础。

然而，由于这一时期虹口地区为典型的江南水乡，地势低洼、排水不畅，并远离英租界的核心区域外滩，因此美国商人大多仍居住在英租界内，美租界内只有文惠廉主教于1853年修建的一座基督教堂以及沿黄浦江的少量码头和饮食店。这一状况直到太平天国军兴和小刀会起义时才得到改观。

1853年3月，太平天国攻占南京，形成与清政府南北对抗的局面。同年9月，上海爆发小刀会起义。混乱之中，英、美、法租界从此成为战乱中的安全岛。局势动乱中，虹口一带因大量难民入居而人口大增。

1860年，时任旗昌洋行大班的克宁汉和美国驻沪领事熙华德（G. Seward）倡议英、美、法租界合并成立公共租界。这一倡议没有得到法租界的响应，但英租界则表现出积极的态度。但此时虹口一带美租界的四至问题尚未解决，故美国领事熙华德和上海道台黄芳在多次协商后，最终于1863年6月25日议定具体章程，确定美侨居留区的地界为：西起护界河（即泥城浜，约今西藏路），沿苏州河向东，越过苏州河入黄浦江的河口后继续向东一直到杨树浦入黄浦江口，由此径直向北三里，再折向西划一直线到护界河对岸的起点，形成一闭合区域。美租界四至明确后，英美租界在当年9月21日正式宣布合并，成立公共租界。美租界此后大多以虹口地区为名，一直到1899年公共租界扩张后改称租界东区为止。

19世纪50年代虹口地区美租界洋行租地考订

由于1854年订立的《土地章程》事实上废止了英国领事馆在上海颁发租地的专断权，因此1855年起美国领事馆开始颁发道契，并整理汇编其租地信息，以备在美租界的租地者缴纳年租之用。这些租地信息为我们复原这一时期美租界土地利用特征提供了基本材料。

1855年《美国领事馆租地名单》（*List of Renters of Land United States Consulate*）刊印在《北华捷报》（*North China Herald*），总共有65条信息，主要为租地人、道契号、分地号与租金，以及每个商人租地的面积和租金的汇总。在道契注册号一列中还有新注册者（N. R. 即 New Register）或老注册者（O. R. 即 Old Register）的信息。该表中另有一列内容是租金对应的租期。该租地表所登记的信息是目前所见最早的关于美国领事馆租地实录，对研究美租界早期土地利用有重要意义。笔者结合《行名录》《中华归主》等资料将租地人的基本信息进行考订和整理后，具体分析美租界设立初期虹口地区租地状况及其特点如下：

（一）在华传教士及其租地情况

在以往有关美租界史中，一般认为美租界主要由在华传教士租用。然而，为进一步明确虹口地区传教士租地情况，笔者梳理了1854年和1856年两年的《上海年鉴》中的行名录以及《中华归主》等相关资料，发现在美领馆注册租地的传教士来自美国主要基督教差会公理会、南方监理圣公会、南方浸信会和安息日教派四个教派。另外，还有美长老会以差会名义租地。结合租地人信息和租地数据，基督教传教士在美国领事馆注册的共租有14块分地计41.668亩。其中，租地最多者为美国南方监理圣公会的秦右（Rev. B. Jenkins，詹金斯，道契中记为"秦先生"）牧师。他名下租有4块分地，共16.8亩。与他同一个教会的戴安乐（C. Taylor）牧师租有2块分地，面积仅2.914亩。合计起来，美国监理圣公会共有租地19.714亩。

其次是美国安息浸礼会。该差会的嘉本德（Rev. S. Carpenter）牧师独立租有2块分地。另外，他还与同一差会的黄德我（N. Wardner）牧师合租2块分地。这4块分地共计8.247亩。

美国南方浸信会和美国长老会并列第三。南方浸信会的传教士晏马太（M. T. Yates）为美国南方浸信会托事部租有2块土地，共5.612亩。此外，隶属于美国长老会的克陛存（Rev. M. S. Culbertson）牧师与怀德（Rev. J. K. Wight，又译为魏德）牧师租有一块5.7亩的土地。

公理会的租地面积最小，2块合起来也只有2.395亩。其中，1839年来华传教、为美国入华传教士第一人的裨治文（Rev. E. C. Bridgman）在美租界租有1块分地。与他同一差会的白汉理（Rev. H. Blodget，或柏亨利，道契载"勃来善"）牧师也租有1块土地。

综上所述，虹口美租界内传教士的租地面积仅占全部租地面积的9.13%，不足总面积的十分之一。

（二）美租界的洋行及其租地

无论是租地数量还是租地面积，都以洋行与洋商为最多。他们共有租地26块，计174.83亩。但以洋行为名租地者数量很少，只有广源洋行与旗昌洋行两家银行。其中广源洋行（King & Co.）共租用14块分地58.77亩。该行在1854年（咸丰四年）8月租得的美国领事馆颁发的第1号分地。其余租地都集中在次年的1855年，分别是该年5月的1块分地、6月的4块分地、9月的3块分地。另外，还有5块分地道契不存，无法推知其租地时间。从道契资料来看，该洋行的租地都未曾转手。旗昌洋行则租有2块分地，面积为27.8亩。

美租界大量的土地是以洋商个人名义租用。租地面积最大的是一位名为巴塔（M.L.Potter）的洋商，他独自租有2块分地，面积有50亩之多。道契中将这位Potter先生记为"巴塔"，职业不详。经核查1854年《上海年鉴》，他被记为引航员。面积次之的"密四诗梅"（C.Smith），其名下有1块18亩的分地，此人在1856年的《上海年鉴》中记为华记洋行的职员。

曾作为美国驻沪领事在美租界建立和英美租界合并中发挥过重要作用，后又任旗昌洋行大班的克宁汉（道契中名为金能亨）名下有4块分地，共14.1亩。此外，旗昌洋行职员葛礼租有面积1.3亩的51号分地，另一职员W.G.Pierce也租有1块面积0.9亩的分地。而哗地玛大班（W.Wetmore）租有1块面积为4.86亩的分地。

上述各洋行与洋商共租有土地 175.73 亩，占全部租地的 38.5%。

（三）美租界的其他租地人情况

除宗教和商业用途的租地之外，美租界还有不少其他身份的租地者，共有 13 块分地，面积为 127.9 亩，占总租地面积的 28.02%。

美租界以个人名义租地最多者是哈尔医生（G. R. Hall），他单独租地 9 块，面积达 71.9 亩。此外，工程师杜那普（J. Dewsnap）独立租赁的 2 块分地面积分别为 20 亩和 16.5 亩地；而尔奄厄特船长（Captain Charles Ranlett）租地 18.5 亩，美领馆警察士当登（T. Stanton）租有一块面积 1 亩的地。

此外，美租界建立初期合租现象十分普遍。克宁汉与华牧师（H. H. Warden）合租 2 块分地，计 26.1 亩，与哈尔医生合租 3 块分地，共 23.5 亩；Potter 船长与大副 Warden 合租的 2 块地，计 26 亩。工程师杜那普与 F. Peterson 合租 2 块 11.55 亩的分地。哈尔医生除与克宁汉合租土地 3 块外，还与旗昌洋行职员葛礼（G. G. Gray）共同租地 2 块，计 24 亩。

综上所述，合租土地面积共 9 块，达 111.15 亩，占总租地面积的 24.35%。

显然，虹口美租界的设立虽与基督教会有密切关系，但从我们梳理的美租界建立之初的租地情况来看，传教士所占土地十分有限，90% 以上的土地均为洋商、洋行或投资土地的外侨所租用。这一现象对随后美租界的发展及其城市功能的形成至为关键。

19世纪60年代虹口地区土地利用状况

1863年英美租界合并，成立公共租界后，工部局决定对租界区域的所有地产进行清理。据《工部局董事会会议录》记载：工部局董事会在1864年2月初筹划绘制英租界图并开始招标，2月12日有恒洋行（Whitfield & Kingsmill）中标，负责英租界地区的地图测绘。3月25日有恒洋行表明他们愿意以与英租界同样的条件测量虹口地区，遂将测绘地域扩大到整个公共租界。当年的5月9日，公共租界的测量工作正式启动。英租界的测绘率先展开，四个半月后的9月28日，其街道测绘工作完成。随后是对虹口地区的美租界进行测绘。《工部局董事会会议记录》中，记录了有恒洋行于12月10日向工部局汇报测量工作进展，声称对英租界和虹口的测量工作预计能在下一年的年初即可完成。正如其所预计的，1865年3月9日，英、美两租界的测绘工程全部完成，随后工部局将英租界和虹口租界部分区域的草图送往英国清绘制版。与此同时，3月29日工部局签署了英、美租界完工证明，4月19日英租界测量报告交存工部局留档。[①] 这次测绘的最终成果分别是《1864—1866年英租界地图》和《1864—1866年虹口暨美租界地图》[Plan of the Hongkew（Hong Que）or American Settlement at Shanghai]（下文简称《1864—1866年虹口图》）。由于该

① 上海市档案馆：《工部局董事会会议录》（第一册），上海古籍出版社2001年版。

图"标志街道轮廓、江边马路、码头、桥梁等的位置与范围，并对每一建筑按洋行划分，认真描绘"①，因此，我们利用 Mapinfo 软件将其中的地块进行了重绘，以便能更清晰地呈现其中的地理信息。

在《1864—1866 年虹口图》中，最显著的地物是黄浦江沿岸的码头和船坞。结合《上海道契》和《行名录》进行考订，沿江有老船坞、新船坞、顺成码头（Howard's Wharf）、怡和码头（Jardine's Wharf）、惇裕码头（Trautmann's Wharf）、同孚码头（Olyphant's Wharf）以及宝顺码头（Dent's Wharf）。另外，还建有上海火轮船公司（Shanghai S.N.Company）和虹口码头公司（Hongkew Wharf Company）。显然，沿黄浦江滨江地带主要分布着码头船坞以及与航运有关的产业。

此外，作为商业指南的《行名录》自 1863 年始记载了洋行的地址和经营业务，根据 1863—1868 年《行名录》中的有关虹口地区的洋行信息，虹口地区的宾馆、餐饮业较为兴盛。尤其是宾馆集聚效应十分明显。1868 年的《行名录》总共记载上海租界有 11 家宾馆，其中虹口就占有 5 席。而根据《工部局董事会会议录》中的 1862 年的记载，实际情况可能更为突出："总办向董事会提供两个租界内所有已领执照小旅馆的名单，这时发现在虹口地区有 12 家之多，而在本租界仅有 10 家。"②这一情况在《1864—1866 年虹口图》中也有反映，编号第 6 的地块就是创建于 1848 年的礼查饭店（Astor House Hotel）。

①② 上海市档案馆：《工部局董事会会议录》（第一册），上海古籍出版社 2001 年版。

1865 年创办英商耶松船厂，租用虹口港东侧的“老船坞”(old dock)

近代“老船坞”照片

不仅旅馆众多，虹口地区还成为专门为远洋水手服务的小酒馆的聚集地。从1863年10月9日《工部局董事会会议录》中的记载："会议宣读了虹口几名酒店店主因被禁止接待水手就餐和将此特权给予少数几家酒家而表示不满的抗议书"来看，虹口地区已有26家出售酒精的小酒馆，另外还有3家正式提出执照申请，并且这些酒馆的主要服务对象是水手。而同一份记录中强调，这一时期英租界仅有17家酒馆。由此可知，虹口地区餐饮业十分发达。另外，这里已有1家面包店、1家苏打水厂，到1866年更发展为2家苏打水厂，成为租界地区的重要饮用水供应地。1863年时，虹口已有一家报馆——达森新闻纸，1866年再新开1家照相馆，甚至1868年还在虹口路44号出现了1家钢琴行。由此可见，服务业成为虹口地区仅次于航运业的重要产业。

在港口经济和服务业的促进下，美租界的道路开始形成体系。从《1864—1866年虹口图》上可以看出，受黄浦江、苏州河以及苏州河以南的英租界之间空间关系的影响，以虹口港为界，其东西两个部分的道路发展并不均衡：虹口港以东的外虹口区域只有与黄浦江平行的百老汇路（Hongkew Broadway Road，今大名路、东大名路）一条主干道径直朝东北延伸，而虹口港以西的里虹口部分则形成较为密集的道路网络。而连接英租界重要通道的外白渡桥，其向北延伸段吴淞路成为里虹口片区道路体系的主干道。以吴淞路为界，其东部的道路由与黄浦江平行的数组道路及其相交的道路组成近似网络状的较为成熟的道路体系：东西向的道路有沿黄浦江岸的黄浦路及其与之平行的天潼路、熙华德路（Seward

Road，今长治路）、汉璧礼路（Hanbury Road，今汉阳路）等；南北向的道路除贯穿南北的吴淞路主干道外，自西向东还有乍浦路、武昌路、闵行路、南浔路等。而吴淞路以东部的道路发展相对迟缓，道路稀少，不成体系。总体而言，美租界的道路网络并非英租界规整的棋盘式道路，而是以功能性的自由发展为其特点，道路的修建以便于通往黄浦江与苏州河港口区为目的。加之，依建筑地块布局而自发形成的道路夹杂其中，使得部分区域的道路显得杂乱无序。

由于现收藏在上海档案馆的《1864—1866年虹口图》用分层设色法表示不同的土地业主及其使用状况：红色为外国人宅地，淡褐色为外国人货栈仓库，黄色为华人宅地与货栈，故而我们可以利用这幅地图辨识出这一区域的功能特征。根据图上所标的颜色，洋商租用的土地倾向于沿黄浦江、苏州河和虹口港分布。如杜那普早在咸丰元年（1851年）就在虹口东部的黄浦江滨江地带修建了“新船坞”，而旧船坞的修建虽没有查到记载，但显然应该修建时间更早。同时，为便于运输，洋行与仓储的空间分布紧临船坞码头。此外，从图上标志来看，美租界的华洋隔离并不如英租界那样明显，即便是黄浦江滨江地区依旧是华洋杂处，也反映了这一时期美租界沿江地带仍有大量土地没有租出，未被工商业占用。

显然，经过10年的发展，19世纪60年代虹口地区在沿黄浦江、苏州河港口区域经济发展的带动下，城市面貌较1855年虽大为改观，但仍是“美（租界）只沿江数里，皆船厂、货栈、轮舟码头、洋商住宅”（葛元煦《沪游杂记》卷一《租界》）的以港口经济为主，兼及服务业的近代城市景观。

虹口地区城市化与英美租界的合并

梳理这一时期美租界虹口地区的城市化过程时，一直有一个问题令笔者颇为疑惑：正如前文所述，美租界的设立导因于美国领事在位于英租界九江路的美领馆升美国国旗受到阻挠，在美侨决意在苏州河以北成立自己的租界时，其间不仅有与中国官员多次交涉未果的令人不快的经历，而且也遭遇到英国驻沪领事的百般阻挠，但何以在美租界成立后仅十数年间，美侨却将自己的租界拱手相让，主动并入英租界？特别是起意合并者竟是最初极力主张创立美租界并为此不懈努力的美侨克宁汉先生。然而，在对相关史料仔细分析后，这一问题迎刃而解。

根据笔者之前的研究，上海租界的发展颇有赖于其安全的投资环境以及在战乱纷繁的晚清时代作为上海缙绅与周边居民躲避战火的临时安身之地。1853 年 9 月，小刀会占领上海县城以及后来清军和小刀会的持续交战中，大量中国难民蜂拥而至，不仅造成租界里事实上的华洋杂居，而且他们对房地产的巨大需求也给予租界当局一个始料未及的大发横财的机会。仅 1854 年 7 月间就有 800 多所简便的住宅在租界建成。对于这一不期而至的发财机遇，西人除靠修建房屋出租营利外，新成立的工部局也迅速抓住这一时机，在 1854 年 9 月 21 日举行的第五次董事会上就提出向华人征收房捐的决议。显然，向人数众多的华人征税为租界当局提供了持续不断的市政建设资金，使它有可能以租界空间品质的优化吸引更多的居住人口，进而获得更高的土地投资回报。

美租界正式成立之际，适逢英租界藉华人入居所形成的房地产急速增长的良好局面，由此引发的英租界内土地价格急剧飙升等一连串利好消息频频传来。在此现实的导引下，美侨对虹口区土地增值的远景充满期待，希冀透过投资虹口区的土地以实现财富的迅速积累。而前文 1855—1856 年美租界的租地状况也支持这一推论。

尽管 1855 年前后美租界大多地区还处于荒芜未辟的状况，但已有 456 亩土地租出，并且大多为洋行与洋商所租用，商用土地面积达 414.78 亩，占到全部租地的 90.87%。其中，以洋行为单位的租地只有 86.57 亩，仅占商用土地的 20.87%。大多数土地实为个人租占，甚至不少是非经商者。如个人租地最多的是哈尔医生，他租有土地计 71.9 亩；其次是引航员巴塔先生，租有土地 50 亩。而在建立美租界和英美租界合并中都发挥关键作用的克宁汉（金能亨）在 1854 年独立和合租的全部土地总计 63.7 亩，数量也十分可观。私人大宗租地情况的出现，表明只有一种可能，那就是这一时期美租界地区个人投资土地的现象十分普遍。

显然，从虹口区随后的发展来看，美租界成立后直到 19 世纪 60 年代并未达到美商对土地增值的预期，反而因它地处苏州河以北的偏僻郊区，不仅没有实现土地价格的快速上涨，还因为地价低廉而沦为杂乱无序、空间品质低下的城郊接合部，整个区域遍布出售酒精的小酒馆和廉价旅店，甚至还有赌场。

根据 1862 年 12 月 31 日的《工部局董事会会议录》，

这一时期旅馆业在虹口地区大量集聚：总办向董事会董事提交了许多份推荐申请书，要求在虹口地区领执照开店。会上要求总办向董事会提供两个租界内所有已领执照小旅馆的名单，这时发现在虹口地区有 12 家之多，而在本租界仅有 10 家。①

这种小旅馆集聚的状况在工部局董事们看来潜伏着种种不安定的因素，“董事会作出决定，认为在虹口地区这种小旅馆数目的增多将会引起麻烦而且也是不安全的”②。

除旅馆业外，美租界还存在大量出售酒精的小酒馆，这也是造成当地不安定的重要因素。1863 年 6 月 17 日《工部局董事会会议录》中称，董事们指示总办向美国领事西华先生说明：“董事会认为，在虹口一侧再增加酒馆的数量会大大增加巡捕维持该处治安的困难。”事实上，虹口小酒店数量过多、酗酒现象普遍，确实导致了整个区域存有严重的治安问题，美国领事西华先生曾给工部局去信声称：“除非你们掌握某些手段阻止开设无以计数的朗姆酒店，因为这些酒店是如此明显地造成一切混乱的因素。”③此外，虹口还有开赌场而遭到起诉的不良记录：“美国领事来函说，他对工部局控告怀亚特在虹口开设赌场一事不予受理。”④美租界混杂无序的状况，不仅严重影响到上海模范租界的声誉，同时也抑制了美租界地价的快速上涨。这或许也可以用这一时期美租界内租地少有换手的情况作为旁证。

显而易见，此时美租界亟须与管理水平高、治安状

①②③④ 上海市档案馆：《工部局董事会会议录》（第一册），上海古籍出版社 2001 年版。

况良好因而土地价值不断飙升的英租界进行区域整合，借工部局巡捕房之力，在改善区域管理状况的基础上，进一步实现土地投资回报效益。① 与此同时，英租界经过十多年间的发展，尤其是华洋杂居后造成的租界内土地供需压力逐渐加大，也急需增加土地供给以舒缓租界内部积蓄日久的土地供需紧张关系。因此，工部局董事会对美租界的合并提议表现出积极的态度："金能亨和列得先生来信，关于虹口与所谓的'英租界'合并问题，董事会指示总办，要求明天召开董事会全会专门商讨此事，以及虹口租地人的其他建议。" ② 事实上，工部局对合并后的美租界因治安及城市设施改善后的土地收益也有预期："董事会还认为新区（虹口地区）的照明是急需的。但董事会相信，虽然公共基金中可供此使用的部分为数甚微，但只要居住此区的户主看到街灯点亮后带来的明显好处，他们会根据受益地区的大小按比例交纳所需灯杆费。" ③ 当然，英美租界的合并并非一帆风顺，不少英租界侨民对此举表示异议，他们担心"除非明确上述地区所征税收足够偿付其支出" ④，这显然是出于对美租界空间品质的不信任。

果然，合并后的英美租界因置于工部局同等的管理下，其城市面貌开始改观，这一点突出地体现在道路的规划与城市交通网络的完善上。

根据以往的研究，我们知道近代上海租界的发展关键在于能为其居民提供优质的城市设施和治安保障，而这一城市服务主要沿道路延伸覆盖到城市的各个部分，并进

①②③④ 上海市档案馆：《工部局董事会会议录》（第一册），上海古籍出版社 2001 年版。

而将城市肌体基本空间单元的地块拼接成城市建成区。故而在以往研究近代上海城市建成区的发展时，我们常常以时空信息更易获得的城市道路作为城市建成区的替代指标正是基于这一理念。事实上，1854 年上海工部局甫一成立，就在当年 7 月 17 日召开的第一次会议上，首先成立了“道路、码头及警务和税务及财务小组委员会”①。这恰可作为城市道路是城市发展驱动力的例证。

而从虹口地区城市道路的发展来看，美租界建立之初，由于这一地区的城市功能以外贸港口经济为主，因此城市道路的修建有很强的功利性，即沿黄浦江向东延伸，目的是连接码头与货栈。故美租界的道路发展以及其城市化的空间延展，是一种未经规划的“有机”模式，即城市的空间扩展是在过去的土地利用情况、地形特征、长期形成的社会契约中的惯例以及个人权利和公众愿望之间的矛盾张力的基础上建立起来的。②

虹口地区最初的土地利用是基于它濒临黄浦江的区位条件而发展起来的，对外贸易港口码头为主，加之区域内的主要河流黄浦江、苏州河和虹口港相互之间形成不规则的夹角，因此道路的最初建设只得形成连接通往码头、船坞的出浦道路的顺江干道，如百老汇路、苏州河路等。然而，随着虹口地区城市人口的增加，城市经济功能逐渐由单一的港口经济而向多样化转变，这时它与上海城市经济的中心区域——英租界之间经济联系的

① 上海市档案馆：《工部局董事会会议录》（第一册），上海古籍出版社 2001 年版。

② 斯皮罗·科斯托夫：《城市的形成：历史进程中的城市模式和城市意义》，单皓译，中国建筑工业出版社 2005 年版。

需求不断增长。特别是日益聚集并形成规模效益的餐饮业的发展，仰仗英租界强大的消费能力，因此与英租界空间更邻近，并可借苏州河桥相连接的里虹口地区得到发展的先机，城市化发展迅速，城市道路也更为密集。相反，黄浦江沿岸除占地面积大的大宗货物堆栈外，服务性设施较少，城市建成区发展缓慢。另外，由于这一区域作为深水港口区，从其功能来看，复式街区并不利于大宗货物的快速集散，因此以百老汇路为主干道的单一街区就成为美租界港口区域最经济有效的道路结构。

但不均衡发展的城市道路网络并不利于虹口地区的全面发展，因此英美租界合并后，工部局立即着手改变美租界区位条件欠佳以及内外虹口区域内部交通不畅的状况。其举措主要有两项：一是将已不敷使用的苏州河桥（威尔斯木桥）改建成通行能力更强的砖石桥梁，以改善英美租界之间的联系；二是规划修建一条贯穿整个虹口地区的交通干道，以加强苏州河以北地区的内部联系。

虽然与英租界联系的重要通道苏州河桥一直是工部局的重要工程之一①，但在美租界并入后，为加强两租界的联系，同时也为了改善美租界治安状况，工部局更加强调苏州河桥的重要性，不仅多次对苏州河桥进行修缮，“该桥经过彻底检查，公开宣布保证交通的绝对安全”②，而且在次年年初，该公司董事长詹姆斯·霍锦士就建议工部局通过租地人大会决议以收买苏州河桥，加强苏州

① 上海市档案馆：《工部局董事会会议录》（第一册），上海古籍出版社2001年版。

② 上海市档案馆：《工商局董事会会议记录》（第二册），上海古籍出版社2001年版。

从外虹桥望虹口港入黄浦江口，拍摄时间约 20 世纪初

河南北之间交通联系。①

此外，为促进苏州河北虹口地区的经济发展，美租界合并后，工部局立即着手规划修建一条贯穿苏州河以北整个虹口地区的干道：虹口在一次长时间的讨论中，会议研究了有关虹口合并后工部局的职责问题。参加会

① 上海市档案馆：《工商局董事会会议记录》（第二册），上海古籍出版社 2001 年版。

议的汉璧礼先生表示，相信董事会首先或应做的一件事是尽快规划一条能方便地穿过该地区的马路路线。董事会审查了该地区的平面图，并指示工部局工程师对可供建造新马路的具体地点认真加以调查。①

尽管我们从会议录中无法确知最终这条“方便穿过该地区的马路”是否建成，但这些记录还是为我们保留了工部局力图尽快改善美租界城市建设与城市管理不良的状况、提升该区域空间品质的重要记录。

英美租界合并后虹口地区城市化的迅速发展，也令早期美侨的土地投资行为获得了高额回报：1855 年以个人身份大量租地的美侨巴塔先生，其时仅是一名引航员，而到 1866 年时就成为外虹口船厂的经营者。这似可以推测他正是因为投资土地成功而转身成为船厂拥有者。

综上所述，英美租界成功合并后，从英租界的角度是通过扩大土地面积以舒缓其日益紧张的土地供需关系，而美租界则是透过并入英租界以获得与其相等的城市管理水平，形成安全整洁的空间品质，进而使其土地价格不断攀升，侨民也获得相应的土地投资回报。同时，虹口地区美租界的城市化也为此后上海开始形成以苏州河为交通轴线的双岸城市奠定了基础。

① 上海市档案馆：《工部局董事会会议录》（第一册），上海古籍出版社 2001 年版。

从沪渎到虹口港：虹口境内历史时期主要水道的变迁

傅林祥

现今的虹口区，在上海中心城区中，是河流水道比较多的一个区。上海不同时期的两条母亲河——苏州河、黄浦江在区境南部交汇，北部有东西向的走马塘（又称江湾市河），中部有南北向的俞泾浦、沙泾港，在溧阳路桥北交汇合后为虹口港，东南向与黄浦江相联结。虹口地区虽然成陆时间相对上海西部地区晚一些，历史上也曾是一派江南水乡景象，与上海地区发展过程中的几条重要河流沪渎（吴淞江）、上海浦（黄浦）、下海浦、虹口港紧密相关。

现今虹口区的地方，成陆时间晚于冈身以西地区，大约是在距今1700—3000年前。1973年9月，广中路菜场在基建时，于地下深1.5米处黄土层发现了瓷碗和瓷罐各一件，经鉴定是南朝时的器物。说明南朝时这一带已经成陆。到了唐朝初期，上海的海岸线已经到达下沙海岸带，大致在今浦东新区北起月浦，南经北蔡、下沙一线，说明这一线以西的地区已经成陆。到了宋元时期，海岸线继续东移，当时史籍中有明确记载的吴淞江、上海浦、下海浦、江湾浦（商量湾）等河流，均位于今虹口区境内。

先说吴淞江。这条河流最初称松江，因为在吴郡境内，古人也称它为吴松江，意思为吴地的松江，元朝以来多称吴淞江（下面文中统称为吴淞江）。上源西接太湖，下游东注入大海。从晋到唐朝，它的下游入海段称之为沪渎。近代开埠以后，外国人因吴淞江通往苏州，称今上海市中心一段为苏州河。唐代的吴淞江就在今虹口区一带入海，当时入海口非常宽广，因而又被称之为沪海（《太平寰宇记》、绍熙《云间志》）。唐宋时，吴淞江是界河，北面是昆山县，南面是华亭县。

吴淞江（沪渎）虽然很宽阔，但是河道中有许多大大小小的沙洲。早在东晋初年，就有渔人在沪渎“沙汭”（有的文献记载为“沪渎沙上”）上看到帝青石钵。“沙汭”指河流边上的沙滩，说明这些沙洲在退潮后会露出水面。随着吴淞江河道中间沙洲的不断发育，开始影响到汛期太湖水的下泄。到了稍后的南朝宋时期，在元嘉二十二年（445 年），史籍记载“松江、沪渎壅噎不利，故处处涌溢，浸渍成灾”（《宋书》）。这些沙洲大多位于今闵行区、青浦区一带，与虹口地区还没有关系。沪渎河道中虽然有大量沙洲，同时也有很深的水道，海舶可以随意进出。吴淞江在明代以前，一直是上海地区的母亲河，上游通苏州城，是太湖的主要泄水河道之一，也是海舶进出的主要航道。南岸在宋代有著名的青龙镇，是太湖地区的主要港口。北宋郏乔在《水利书》中说：“吴淞江古道深广，可敌千浦。”当是唐、五代时期的情形。浦是吴淞江南北两岸流入吴淞江的重要支流，也是比较大的河流，“千浦”可能有夸张的成分，仍可见唐代吴淞江的宽阔。随着上海大陆地区的不断向东成陆，宋代吴淞江的入海口已经向东延伸到今复兴岛以北，分别向东、向北汇入长江口。到了宋末元初，吴淞江下游江面“狭处尚二里余”，河道中的沙洲逐渐连接成片，南北两侧的主要水道就演变为吴淞江、虬江。今潭子湾至外白渡桥段苏州河和虬江遗迹间的距离，大部分都在千米左右，与“二里余”基本相符。元明清时，吴淞江北面先后是嘉定县、宝山县，南面是上海县。

宋元时期吴淞江在今虹口区境内的流向，当时的文字记载很简单，仅有几条河流的名称，只能根据明清方志中的吴淞江流向及近代测绘地图中的县界进行逆推。虬江、吴淞江受自然因素和人工疏通、开凿影响，具体流向会经常有变化，但是两县的界线一旦确定下来就很少有变动，而且从宋元到明清的方志中从未记载吴淞江两岸的县界有过调整，因此可以根据县界逆推河流的基本走向。

宋元时期吴淞江沙洲的大量存在，已经形成虬江和吴淞江两股主泓，今虹口区境的虬江遗存较多，再加上民国初年的宝山县与上海县界，两者的连线基本上就是宋元时期的吴淞江河道的主泓。

明代几部嘉定县志中的地图过于简单，参考价值不大。康熙《嘉定县志》中的《吴淞江全图》虽然仍是传统画法，内容比较丰富，但能说明一些问题。在图中，嘉定县在界浜以东，以虬江为界，虬江南面就是上海县的地域，吴淞江又在虬江之南，更为宽阔。1915 年成图的《宝山全境地图》，是经过精密测量的现代地图，结合 1926 年绘制的《淞沪商埠区域图》(淞沪商埠督办公署工务处测绘科编绘)，可以看出宝山县与上海县的界线就在虬江（今静安、虹口两区境内的虬江路）以南，至吴淞路、武进路北，在虬江路桥东弯曲向北。在淞沪铁路(今地铁三号线)、四川北路间屈曲向北行，至东、西体育会路之间转东北向流入今杨浦区境，接走马塘、虬江。这基本上就是宋代以来虬江的大致走向：从今静安区境向东流入虹口区境，大致沿今虬江路往东，在虬江路桥以东沿上述县界向北折东入杨浦区界，接走马塘、虬江，呈 S 形。

其南侧的吴淞江，明永乐年间夏原吉治理时，放弃了宋家桥以东一段，改为东南向疏浚宋家港（又名减水河)，即今苏州河河口段。宋家港以东的吴淞江也被放弃，随着几百年的自然演变，留存的遗痕极少。宣统元年（1909 年)，嘉定人童世亨在其绘制的《松江府属全图》中，在今虹口、杨浦两区境内有一条虬江，西起今虹口区虬江路，东北接今复兴岛北。这条虬江的东段大致就是今走马塘东西走向一段。在今走马塘与杨树浦港交汇处西南，明清时期应该另有一段虬江，即夏原吉治水前的吴淞江。这一段虬江由于自然演变和近代以来的城市化进程，逐渐变为小浜、小沟并进而消失。

由于虬江与吴淞江是唐宋时期吴淞江的两股主泓，其他地区的虬江与吴淞江至清代仍形影相随，结合清代地图中的虬江走向，虹口区境内的宋元时期吴淞江（即唐代吴淞江的南支）的流向，应该就在虬江的南侧或东侧。走向大致如下：在今静安区境基本与苏州河相同；在宋家桥（今福建路桥一带）以东，位于今苏州河一线的北面，在今外白渡桥以北折向北流，在今水电路桥附近折向东流入今杨浦区境，沿今走马塘往东至今复兴岛西北合而为一。在复兴岛以北，吴淞江折而沿今黄浦江向北流入长江。

由上可知，唐代的吴淞江和宋元时期的虬江和吴淞江在今虹口区境内的大致流向：今虬江路以南、苏州河稍北处，均为古吴淞江的河道，至今虬江路桥东、外白渡桥北，折向北流，沿今溧阳路以东向北至东体育会路一线，在今大柏树附近折东，东流接今杨浦区虬江、走

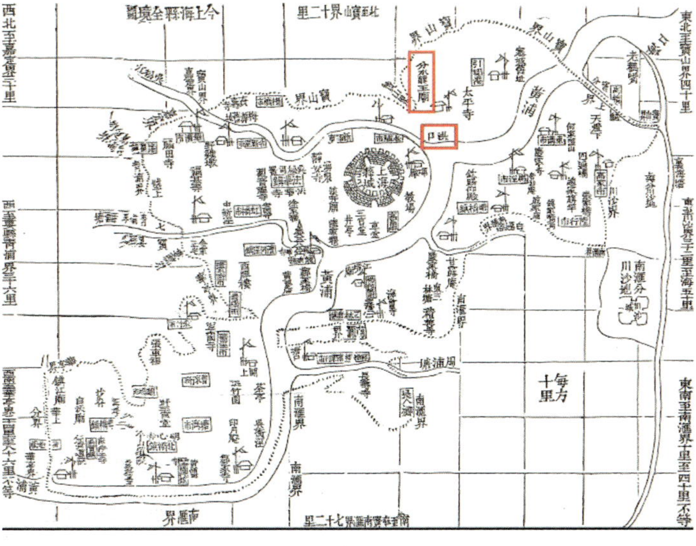

清嘉庆年间上海县境图，吴淞江横贯上海县北部（地图源自嘉庆《上海县志》）

马塘。唐至元初，这段河道宽阔，中间虽然有沙洲，但是不影响上流泄水，元代任仁发治水时这一段还很畅通。但是在元末明初，这一段迅速淤积，原先的主泓淤积为虬江，南支仍为吴淞江。淤积的原因应该与吴淞江在此弯曲、流向多变、涨潮时带来的泥沙容易沉淀有关。明永乐年间夏元吉治水时，不得不放弃今虹口区境的吴淞江（即古吴淞江南支），疏浚其南侧的宋家浜，向东流入黄浦。这一段古吴淞江的演变，由于夏原吉治水后将原吴淞江放弃，所以遗迹很少，方志中的记载也很模糊。认识比较清楚的，是乾隆年间的王廷瑚："二十三保一隅，本为吴淞江旧址，于宋时流沙积满。西自洪口而北至虬江，转东直葛家嘴，东南尽于大江。周广数十里，竟成良田美产。"(《苏松太山川考》)。葛家嘴应该在浦东，属于上海县，水路南距陆家嘴二十一里，北距高桥镇上海、宝山两县界浜（高桥港）三里。王廷瑚之言，虽然在时间上稍有问题，但是说出了今虹口区南部从唐至明清的变化大势。

其次是上海浦的变化。上海浦在宋代就是吴淞江南岸大浦之一（郏亶《水利书》)。宋元志书或谓"上海浦在（华亭）县东北九十里"(绍熙《云间志》)，或说"在（松江）府东北九十里"(至元《嘉禾志》)。至元二十九年（1292 年）置上海县，明人谓"上海浦在（上海）县治东"(弘治《上海志》)，有的明确说"上海浦即大黄浦下流合江处"(正德《松江府志》)。由此可见，宋元两朝的上海浦即今外滩段黄浦江，龙华港以上为黄浦（黄浦一直向南延伸到今闸港镇西），下游至今外白渡桥稍北处入吴淞江。也就是吴淞江与上海浦（黄浦）的交汇口

（即明清文献中的黄浦口）在今虹口区南端。夏元吉治水后，吴淞江改走宋家港一线，东南向弯曲注入黄浦（上海浦），今苏州河河口段形成。夏原吉同时疏浚范家浜，让黄浦之水东北流，至今杨浦区虬江口接原吴淞江下游，向北注入长江。这样就避开了严重淤积、泄水不畅的今虹口、杨浦两区境内的吴淞江。由于从虬江口至长江一段的黄浦就是原先的吴淞江，因而黄浦注入长江之口历来称之为吴淞口，一直没有改名。

关于上海浦与黄浦，有个问题需要说明一下。早先的观点大多认为上海浦（黄浦）虽然是吴淞江南面的大浦，与其南面相接的黄浦，都不大宽阔，是在夏元吉治水后才逐步宽广，形成今天的黄浦江外滩段规模。近年来的研究发现，上海浦在元代已经很宽广。任仁发在今上海地区建造水闸（今志丹苑元代水闸即为此次建造的一处水闸遗址）前，在调查中发现“今新泾、上海、刘家港等处，水深数丈”(《水利集》)，刘家港即今浏河，新泾即今北新泾一线，上海指上海浦。袁介《检田吏》诗谓：延祐七年（1320年），“谁知六月至七月，雨既绝无潮又竭。欲求一点半点雨，不啻农夫眼中血。滔滔黄浦如沟渠，田家争水如争珠。数车相接接不到，稻田一旦成沙涂”。“滔滔黄浦”形象地反映了黄浦（上海浦）之宽广。弘治《上海志》载“至元、大德间，浦面尽一矢力”，历来被视作黄浦淤积变狭的证据，认为元代黄浦宽度只有70米左右，略宽于今苏州河市区段。20世纪90年代，陈学霖指出蒙古人用大拽弓放一箭的射程，约300—500米。“浦面尽一矢之力”这一数据是在元朝至元、大德年间产生，应该是当时在上海的蒙古人放箭丈量后得出。此数字和现在的黄浦江平均宽度相合，说明至元、大德间的黄浦已经很深阔，夏元吉才将吴淞江与上海浦（黄浦）的地位颠倒了一下。

其三是下海浦的变化。下海浦也是宋代吴淞江南岸的一条大浦，位于上海浦的东面（郏亶《水利书》），明清方志中多有记载，亦称夏海浦（嘉庆《松江府志》）。永乐年间夏元吉治水后，与其相连的一段旧吴淞江应该还是存在。万历八年（1580年），浚下海浦及其东面的曲浦、杨树浦、尹祥港（引翔港），北通旧江（《三吴水考》）。这个“旧江”，就是前述童世亨《松江府属全图》中的虬江，即夏元吉治水前的吴淞江。在明永乐以前，范家浜还是小河浜，下海浦可能延伸到今浦东沿江一带。永乐以后，下海浦东南联通黄浦，西北与虬江相接。

下海浦一直到上海开埠初还存在，位于今虹口区东南部，大致即今海门路一线。晚清时，“下海浦（进口处为马路堵塞）会三洪之水，过太平寺，北达虬江（今淤）”（光绪《松江府续志》）。《上海市虹口区地名志》中画有下海浦，基本上是正确的，只有南通黄浦江一段有误，走向应与今东大名路、杨树浦路相接处同，即应该沿着马路的东北侧走，再向南越过杨树浦路入黄浦。开埠后，与黄浦江相通一段最早被填没。下海浦也是美租界一个重要的区片地名，地位几与“虹口”相等，范围很大，提篮桥只是这个区片中的小地名，直到20世纪初才逐渐被提篮桥这个区片名替代。20世纪20年代后，从南到北填浜筑路，逐渐消失，只留下了一座始建于清乾隆年间的下海庙。

下海浦除了开埠后被人为堵塞外，清初在康熙年间也曾被人为钉断。康熙初年实行海禁，为防船只随意进出内河，康熙七年（1608 年）奏请将界浜、虹口、西虬江三处河流用椿钉断。地方文武官员为了省事，又将黄浦江下游两侧、上海县境的东沟、东虬江、西新塘、夏海浦、杨树浦等处也进行钉断，影响汛期泄水。康熙二十年淫潦成灾，两江总督才派员调查，开通私钉各河。下海浦开通时间应该更晚，必然造成淤浅。

其四是商量湾（江湾浦）的演变。宋代吴淞江北岸有大浦 20 条，其中一条即商量湾（郏亶《水利书》）。元代任仁发《水利集》、明代归有光《三吴水利录》等文献中收录的宋代河流名单中为江湾浦，商量湾即江湾浦（张国维《吴中水利全书》）。江湾浦的流向："江湾浦（一名商量湾）南通吴淞江，西通小场浦"（万历《嘉定县志》），"江湾浦（即沙泾，又名商量湾，芦泾浦东）东南受吴淞江水，西北达走马塘"（光绪《宝山县志》）。从宋至清，中间必然发生过很多变化，但是基本走向相同。小场浦在今静安区广粤路以西、场中路以北，说明明代的江湾浦是向北穿过走马塘，西接小场浦，南至今中山北路附近与虬江（吴淞江）交汇。至清代，北段已经南缩，与走马塘相汇。江湾浦流经的江湾镇，在南宋时人烟繁盛。当时海舶自吴淞口驶入后，大部分沿吴淞江至青龙镇进行交易。也有一部分海商为了逃避青龙镇的税收，就由江湾浦转北到江湾进行交易。朝廷见此情形，先后设巡检寨率领弓兵维持治安，后又派文官在此收税并管理集镇事务。这样的官员配置，与吴淞江边的青龙镇相同。

以上 4 条河流都是见之于宋元文献记载。明清文献中新增的主要河流有走马塘、俞泾、沙泾等。

走马塘的名称，虽然始见于明代，但在宋代已经是一条重要的河流。南宋初年，名将韩世忠屯兵江湾，经常在这条河流堤岸上策马驰驱，因而被称为走马塘。明清文献中对于走马塘的记载基本相同：西通南横沥，自东迤南接江湾浦（商量湾），东入吴淞江（嘉靖《嘉定县志》）；走马塘西通横沥，东南由江湾浦入吴淞江（康熙《嘉定县志》）；东南自虬江入，屈曲至江湾西，历大场，抵嘉定境（光绪《宝山县志》）。走马塘在今虹口区境的河段即江湾市河，向东在地铁三号线附近折向东南，屈曲东南向接今走马塘。

俞泾浦，明代称为芦泾浦，与其东面的沙泾有联通（正德《姑苏志》《吴中水利全书》）。清乾隆时为宝山县境干河：俞泾浦“南通上海界，入吴淞江”（乾隆《宝山县志》），这里的吴淞江当即虬江。光绪时，南通虬江，北达走马塘（光绪《宝山县志》），大致即今俞泾浦一线。民国《江湾里志》认为“芦泾浦，光绪《县志》作俞泾浦，误”，这一批评不大正确。乾隆十年（1745 年）修《宝山县志》时，志文中同时出现了芦泾浦和俞泾浦（卷一《海浦》），并且说“芦泾浦，江湾浦东，南通吴淞江”（卷一《川港》），方位明显有误。在该志卷首《县水利全图》中，彭越浦东面有俞泾浦，再往东为沙泾，均北通走马塘，南面分别通虬江和沙浜。由此可见，芦泾浦已经又称俞泾浦，并且被志书编纂者作为主要地名，而芦泾浦被记载为次要地名，并且方位有错。此后一直到民国年间，为芦泾浦、俞泾浦混用，如 1906 年 10 月 2 日《申报》记载江湾西镇俞泾浦，1922 年 2 月 23 日《申报》报道中称“北四川路横浜桥，河名曰俞泾浦”，芦泾浦的名称也沿用到20世纪30年代。

沙泾，即宋代的江湾浦，明代仍称江湾浦（嘉靖、万历《嘉定县志》），有时也称俞泾：“俞泾土地庙，在俞泾。元大德三年，里人张文彪建。”（万历《嘉定县志》）清乾隆年间已经称沙泾：“沙泾，江湾镇，南至屈家桥上海界。”屈家桥，在今广灵二路以南的沙泾上。光绪年间，几个名称已经在一起得到记载：“江湾浦，即沙泾，又名商量湾，芦泾浦东。东南受吴淞江水，西北达走马塘。”（光绪《宝山县志》）沙泾的南部也称沙浜（乾隆《宝山县志》），嘉庆、同治《上海县志》中均无沙泾或沙泾浜，而有穿虹、北沙洪（嘉庆《上海县志》），或北穿洪、中穿洪（同治《上海县志》），从走向上看，沙浜就是上海县的穿虹（沙洪）。也就是今沙泾港的南段是原先上海县境的北穿洪、中穿洪。在《申报》1897年的新闻中，已经出现虹口沙泾港的名称，说明沙泾的名称已经向南延伸。

最后要说的是今虹口区得名的那条河流“沙洪”与“洪口”。前面已经说到，今虬江路一线以南、苏州河稍北一线以北，原先是吴淞江河道。随着河道中沙洲的不断淤积，除了形成南北两条主泓虬江和吴淞江外，中间还有许多不同流向的小河流，在一些地方称之为沙洪。这种称呼在明代就有：“江北嘉定地名老鸦窠，有旧江形迹，今指其南通行为江，皆江中沙洪，江上之人直以沙洪呼之。”（嘉靖《上海县志》）这里说的是上海县西北部情形。万历年间，下海浦西面有“沙洪”“穿洪”“北沙洪”等三洪（万历《上海县志》），这个“洪”的含义应该与上海县西北部相同，指的是沙洲中的小河。因此，明清上海县北部在虬江与吴淞江之间的“沙洪”，也可以说是一个泛称。

在今虹口区境内的沙洪，也叫穿洪。开埠后，又称虹口浜、虹口河、虹河、虹口港。它的流向，嘉庆《上海县志》水道图中，有北穿洪、中穿洪南北向连成一线，南端与黄浦江交汇处标有洪口，意即沙洪注入黄浦江之口。此后，方志中多有记载：“沙洪在杨树浦西，通江浦，北流至分水庙东为南洪，中为中洪，西为北洪。”（同治《上海县志》）“沙洪（亦名穿洪，在杨树浦西）纳浦潮，北流过虹口桥，至分水庙东为南洪，中为中洪，西为北洪（今淤）。”“穿洪从虹口桥而进，在下海浦西。”（光绪《松江府续志》）分水庙即分水龙王庙，在今临平路桥东北侧。“虹口港（即前志沙洪）纳浦潮西北流，过北新虹桥，又西北折而东，过何家桥，又西北至分水庙分为三。一东出过陶家湾、虹镇，又东北入宝山县境。一北出至诸家行而东北流，一西北出过谈家桥，入宝山县境。”（民国《上海县志》）由此可知，清代的穿洪（沙洪）包括开埠以后的虹口港以及由此分流出的三条河流。分水庙以北的3条沙洪，向东的一条经过虹镇，《淞沪商埠区域图》中仍有此条河流，但是没有标注名称。北经诸家行的一条，情况不明。西北出谈家桥一条，谈家桥当即谈家木桥，在虹口东北三里许，属宝山县（《申报》），与天通庵相邻，当在天通庵路附近，应该就是今俞泾浦一线。《宝山全境地图》在芦泾浦北有谈家木桥，说明就是芦泾浦。但是民国《上海县志》的记载是存在问题的，因为光绪《松江府续志》已经记载北洪

“今淤”，已经不存在了。民国《宝山全境地图》载芦泾浦南段流向已经与今相同。因此，清代的“北洪”不应是芦泾浦，而是从分水庙流出的另一条河流。清同治年间“北洪”的淤塞，民国县志的修纂者就将芦泾浦当作“北洪”。

“虹口”这个地名，在康熙年间已经出现，乾隆《上海县志》之县境全图中也有，应该是“洪口”的雅化。洪口指沙洪注入黄浦江之口。洪口、虹口同时并用，开埠以后也是这种情况，如1889年1月17日《申报》的同一篇文章中，“里洪口”与“里虹口”混用。总的来说，是以“虹口”为主。有的时候，虹口港也称洪口港：“沪城东北有港，名洪口。”（毛祥麟《墨余录》）

综上所述，今虹口区境南部在隋唐时期是吴淞江的入海口，又称沪渎，相当宽畅。宋元时，形成虬江和吴淞江两派，中间为沙洲。明永乐年间夏原吉治水时，放弃今虹口区境内的吴淞江，形成新的吴淞江下游（即今虹口中区境苏州河）和黄浦，沙洲成为良田。清康熙年间，康熙皇帝已经称黄浦为黄浦江。上海开埠后，今虹口区境的黄浦江，因其优越的地理位置，成为上海港的重要组成部分，原先沟通虬江与吴淞江的沙虹（今虹口港）和其他几条主要河流被保存下来。下海浦被湮废，虬江和许多小浜小沟或是填浜筑路，或是湮废填没，逐渐形成现今的虹口区河流现状。

虹口港水系上的桥与景

金一超

虹口区，位于上海中心城区东北一隅，至今仍保留着较完整的水系——虹口港水系①，南部虹口港携黄浦江水北流，中部沙泾港、俞泾浦承接虹口港，自嘉兴路桥（原连接嘉兴路和东嘉兴路，今为四平路跨俞泾浦桥）附近一东一西分水北进，北部走马塘横陈江湾，尽收“港”“浦”。

清代，虹口港曾名“沙洪”，其与黄浦汇流处的河口称之为“洪口”，因“洪口”以北不远处有座形如彩虹的拱桥，故又名“虹口”。降清以来，沙洪北流至分水庙，分水为三，称南洪、中洪、北洪。②

---

① 虹口区志编纂委员会编：《上海市虹口区志》：“（虹口港）河道原系上海浦的北段，现与俞泾浦和沙泾港两条支流形成虹口港水系。”上海社会科学院出版社，1999年2月，第89页。

② 上海市地方志办公室、上海市闵行区地方志办公室编：《上海府县旧志丛书上海县卷（四）·民国上海县续志（卷四）》：“虹口港，即前志沙洪。纳浦潮西北流，过北新虹桥，又西北折而东，过何家桥。又西北至分水庙分为三。一东出过陶家湾、虹镇，又东北入宝山县境。一北出至诸家行而东流。一西北出，过谈家桥，入宝山县境。”上海古籍出版社，2015年11月，第2339页。

清乾隆年间上海县境图，标有“虹口”(地图源自《上海府县旧志丛书——上海县卷》)

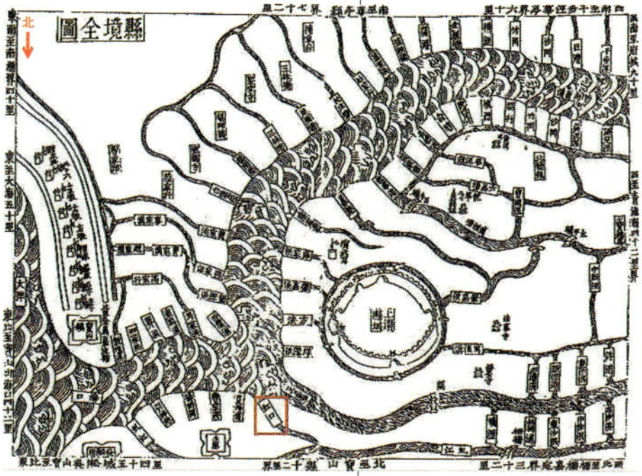

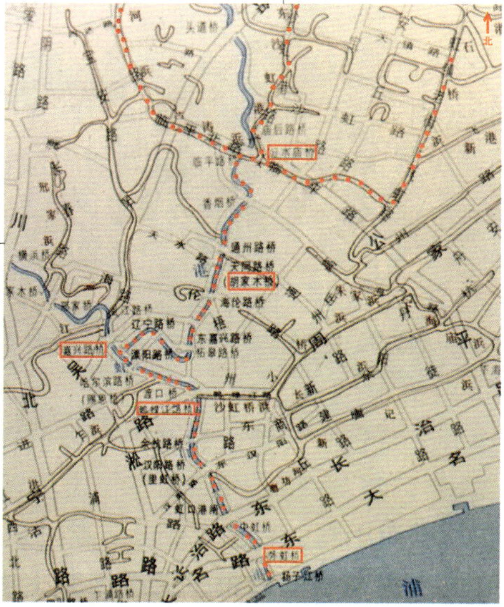

清代，沙洪(虹口港)及南洪、中洪、北洪流域图(地图源自《上海市虹口区地名志》)

如今，“三洪”虽已悉数填没筑路，但虹口港与俞泾浦、沙泾港构成的水系却依旧完整，径流不断，南北联通。

人流汇聚立市镇　水陆并进塑通途

由于虹口港—俞泾浦、沙泾港是连通上海县城与宝山县江湾镇的水路要道，且虹口港与黄浦江汇流处又是水陆要津，故河口一带人流汇聚，嘉庆年间已有“虹口镇”，同治年间形成“内外虹口市”，而位于里虹桥附近的虹口老街（今东汉阳路 219 弄）则是市镇中心，该街南起汉壁礼路（今东汉阳路），北至东有恒路（今东余杭路），长百余米，沿街商铺云集，有豆腐店、肉铺、饭店、茶楼、糟坊、盐号、香烛铺、花带铺等商铺。①

清末开埠后的虹口港，图中所见桥梁为中虹桥（今东长治路）

① 上海市虹口区人民政府编：《上海市虹口区地名志》，百家出版社，1989 年 9 月，第 153 页。

同时，因三水两岸城镇化进程加剧，陆路交往渐密，清朝后期至民国年间，河上相继建起诸多桥梁。

表　至民国年间，虹口港、俞泾浦、沙泾港上的桥梁

	今　名	旧名（别名）	初建时间
虹口港	东大名路桥	旧名外虹桥，别名百老汇桥，因桥跨百老汇路得名	1841年（清道光二十一年）
	东长治路桥	旧名中虹桥，别名熙华德路桥，因桥跨熙华德路得名	清乾隆年间
	东汉阳路桥	旧名里虹桥	清乾隆年间
	东余杭路桥	旧名新虹桥，别名电灯厂桥，因桥畔建有裴伦路（今九龙路）电厂	1912年
	海宁路桥	旧名北新虹桥、鸭绿江路桥，别名四卡子桥，清末上海百货糖捐局在虹口港设立关卡，因桥处第四道关卡而得名	19世纪末
	哈尔滨路一号桥	旧名汤恩路桥	民国初年
	嘉兴路桥	旧名沈家桥	19世纪初
沙泾港	溧阳路桥	因路得名，无旧名	1904年已建成，具体建成年份待考
	哈尔滨路二号桥	旧名汤恩路桥	1931年
	柘皋路桥	因路得名，无旧名	1909年已建成，具体建成年份待考
	东嘉兴路桥	因路得名，无旧名	20世纪20年代
	海伦路桥	旧名库仑路桥	1934年
	通州路桥	因路得名，无旧名	1951年
	物华路桥	旧名香烟桥，因临近香烟厂而得名	20世纪初

续表

	今　名	旧名（别名）	初建时间
沙泾港	临平路桥	因路得名，无旧名	20 世纪初
	四平路一号桥	旧名其美路一号桥	1931 年
	祥德路桥	因路得名，无旧名	20 世纪 20 年代
	东体育会路桥	旧名老体育会路桥	1931 年
	淞沪铁路桥	无旧名	1874 年
	屈家桥	因位于屈镇得名	1917 年已建成，具体建成年份待考
	俞泾庙桥	旧名俞泾庙前桥、新沙泾桥、沙泾港桥	清同治年间
	水电路桥	因路得名，无旧名	1927 年
	油车桥	因乡民驾船来榨油得名	1916 年
俞泾浦	邢家桥	因位于邢家宅得名	20 世纪初
	横浜桥	因流经此处的一段俞泾浦又称横浜而得名	清光绪年间
	淞沪线铁路桥	因淞沪铁路而得名，无别名	1874 年
	宝山路桥	因路得名，无旧名	19 世纪末
	中兴路桥	因路得名，无旧名	1927 年已建成，具体建成年份待考
	天通庵路桥	因路得名，无旧名	1925 年已建成，具体建成年份待考
	青云路桥	因路得名，无旧名	1923 年
	四明公所桥	因临近宁波旅沪同乡会四明公所北厂得名	1920 年
	八字桥	原由两座桥构成，西北侧名宝安桥，为木质桥，毁于“一·二八”淞沪会战；东南侧为今八字桥	1929 年已建成，具体建成年份待考

续表

	今　名	旧名（别名）	初建时间
俞泾浦	广中路桥	因路得名，无旧名	20 世纪 30 年代
	广粤路一号桥	旧名万昌桥、晚苍桥	1824 年（清道光四年）

说明：

（1）图表中桥梁记述顺序为分别依 3 条河道，由南向北排列；

（2）资料梳理自《上海府县旧志丛书——上海县卷》《上海府县旧志丛书——宝山县卷》《民国江湾镇志》《上海市虹口区地名志》。

（3）除志书记载有确切或大致桥梁始建时间外，部分桥梁建造时间不详，通过查阅历史地图，确定其最早标入地图时间：溧阳路桥（1904 年，上海外国租界地图）、柘皋路桥（1909 年，上海市街图）、屈家桥（1917 年，江湾乡图）、中兴路桥（1927 年，袖珍最新上海地图）、天通庵路桥（1925 年，最新上海全埠地图）、八字桥（1929 年，上海特别市道路系统图·闸北区）。

"俞泾"一名冠两河，河畔故景诗中留

回溯虹口港水系中"三水"的过往，它们除了对虹口一带城镇化发展起到催化加速作用，还有着各自的独趣，待人细究等人求。

谈及"俞泾"，《乾隆宝山县志》记："俞泾浦，干河，南通上海界，入吴淞江。"①《民国宝山县续志》记："江湾浦，在芦泾浦东，今称沙泾，又称俞泾"。②《民国

① 上海市地方志办公室、上海市宝山区地方志办公室编：《上海府县旧志丛书宝山县卷——乾隆宝山县志》，上海古籍出版社，2012 年 12 月第 1 版，第 45 页。

② 上海市地方志办公室、上海市宝山区地方志办公室编：《上海府县旧志丛书宝山县卷——民国宝山县续志》，上海古籍出版社，2012 年 12 月第 1 版，第 813 页。

《光绪宝山县志》中的沙泾、俞泾浦（地图源自《上海府县旧志丛书——宝山县卷》）

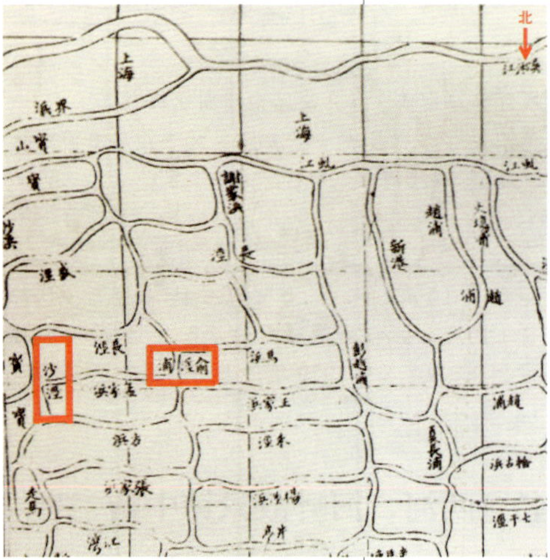

江湾里志》记："芦泾浦光绪县志作俞泾浦，误。"① 寥寥数语，其身份已有3种可能：俞泾浦是独立的一条河，或是芦泾浦的误称，抑或是沙泾的别名。

若将《民国江湾里志》中记载的芦泾浦流经区域② 与今日的俞泾浦作对比，可以断定两者基本重合，俞泾

① 上海市地方志办公室编：《上海乡镇旧志丛书——民国江湾里志》，上海社会科学院出版社，2006年1月第1版，第11页。

② 同上书，第11页。"在本乡（指江湾乡）南境，自上海虹口穿洪浜经虬江入本乡界，折西经横浜桥贯淞沪铁路，折北经天通庵至西镇出走马塘。"

浦、芦泾浦不是两条不相干的独立河流，而是“一河两名”。

那么这条现名“俞泾浦”的河，其正名究竟是俞泾浦还是芦泾浦？《光绪宝山县志》在记载宝山县的治水事迹时，提及“康熙六十年，知县刘昆缙浚沙泾、俞泾浦”①。而在《民国江湾里志》则称“康熙六十一年，光绪县志作六十年，知县刘昆缙浚沙泾、芦泾浦”②。显然，《民国江湾里志》的编纂者不仅参考《光绪宝山县志》，并且做了考据和勘误，保留不能确定的史料，更正认为错误的信息。另比较《乾隆宝山县志》《光绪宝山县志》和《民国宝山县志》，修志时间越晚，对“芦泾浦”河名的记载越多越肯定③，故可推断“芦泾浦”是这条河的正名，今以“俞泾浦”称之，实则是误称后的将错就错。

那虹口港水系的另一条支流——沙泾港，曾经为何也名“俞泾”？因为一座庙和一座桥断定。《民国江湾里志》记载“俞泾庙，在殷四图……元大德三年里人张文

① 上海市地方志办公室、上海市宝山区地方志办公室编：《上海府县旧志丛书宝山县卷——光绪宝山县志》，上海古籍出版社，2012 年 12 月第 1 版，第 413 页。

② 《上海乡镇旧志丛书——民国江湾里志》，第 14 页。

③ 综合对比《乾隆宝山县志》《光绪宝山县志》《民国宝山县志》中的治水记载可发现：在光绪县志中，俞泾浦出现 4 次，分别在万历四十四年、崇祯五年、顺治七年和康熙六十年，之后不再出现；芦泾浦出现 3 次，时间为康熙四十一年、五十四年和嘉庆十九年。乾隆县志中未提及的“俞泾浦”治河事迹，光绪县志基本记述为“芦泾浦”，由此可推测《光绪宝山县志》编纂者在记载该河时已注意到其历史正名问题，但尚不能完全确定以前记载的俞泾浦是否是芦泾浦。至《民国宝山县志》，该河道已基本记载为“芦泾浦”。

彪建”①，根据里志所配《江湾乡图》可知，该庙大致位于今广灵四路、新市路口附近，庙东紧邻沙泾河道，河上有桥名“沙泾港桥”，也称“俞泾庙桥”。依照古代的地名取名传统来推断，俞泾庙建成时间应晚于庙前的这条河，而这条河至少在1299年时已称“俞泾”。

提及俞泾庙，庙供潮神，其中就有霍光土地祠，有趣的是上海县同样视霍光为城隍，供奉至今。追溯其源，与南宋光宗年间《云间志》所记关于“东吴末代皇帝孙皓病梦霍光，知其有捍海治患之能，随奉为神，治金山海塘风潮之患，其病体亦得痊愈”的传奇故事息息相关。②宋元以降，“霍光是捍海治潮之神”更成为江南一带的民间认知，祀奉的庙祠相继建起，仅在上海地区，霍光庙就分布于金山、松江、闵行、黄浦、虹口5区，共9处。

可惜的是，“俞泾”何时改称沙泾，因史料不足，已难知晓。若在此做一遐想，也许沙泾之名仍与河中泥沙多而淤相关，芦泾或因两岸遍植的芦苇、芦花而得名。所幸，沙泾港河畔故景因为前人诗文留存了下来。

明代上海县人张濂在《曲江平涨》写道：“半篙深没鸥边渚，一望平齐柳外桥”；清代上海县人陈昇的《沙泾

① 《上海乡镇旧志丛书——民国江湾里志》，第35页。

② 绍熙《云间志》卷：“《吴国备史》云：大将军霍光，自汉室既衰，旧庙亦毁。一日吴王皓染疾甚，忽于宫庭附黄门小竖曰：‘国主封界，华亭谷极东南，有金山咸塘，风激重潮，海水为害，非人力能防。金山北，古之海盐县，一旦陷没为湖，无大神力护也。臣汉之功臣霍光也，臣部党有力，可立庙于咸塘，臣当统部属以镇之。’遂立庙，岁以祀之。”

晚泊》描绘："叶叶轻帆竞趁潮，绿杨深处酒旗飘……林端露出江湾寺，前路无须问暮樵"；宝山县人徐大伦在《行抵江湾作》诗作："江湾寺近路回旋，霞晕枫林欲暮天。记得斜塘春泛日，绿杨两岸淡如烟"①。这些诗作或静态描绘沙泾港两边河岸栽植的树木品种、疏密程度，或动态刻画河中舟舸航行的状态、禽鸟活动的瞬间，为后人留下反映古代沙泾自然景象的第一手资料。

顺着诗作的思绪，穿越两三百年，当时诗人眼中的沙泾两岸也许是这样的：河面上绿波荡漾，篙苇满渚，轻帆叶叶，百舸竞渡；水岸边鸥鹭缓步，目聚喙伸，鱼虾点点，绕足穿梭；土堤上翠柳垂枝，风扶曼舞，枫林丛丛，蔽日暮天；树影间酒肆偶立，旌卷旗飘，行人一二，慢步快足；河尽头重檐翘角，香烟萦绕，晚钟阵阵，寺房前亮。

或许不止沙泾，虹口港、俞泾浦两岸也曾自然风光旖旎，人文故迹众多，只是在近代百余年城市化进程中，逐渐蜕变。

① 《上海府县旧志丛书宝山县卷——光绪宝山县续志》，第 396 页。

晚清虹口港中虹桥

晚清虹口港里虹桥

晚清虹口港外虹桥

虹口港“四卡子桥”处

陈望道·虹口·大江书铺

刘晓旭

1928年9月，大江书铺在虹口区东横浜路景云里成立，陈望道是创始人之一。9月10日，《申报》刊登了《大江书铺昨日宴客》的消息，这间由陈望道、汪馥泉、冯三昧等发起的书铺，约请了郑振铎、王世颖、章锡琛、傅东华、谢六逸、郭任远、赵景深等数十名知名文艺家聚餐。① 有了资金、稿件来源、出版倾向规划，陈望道踌躇满志地开始了他的出版事业。

大约是为了办书铺方便，1928年夏，陈望道便搬家到了距离内山书店附近不及百步的地方②。郁达夫曾谈起内山书店，“他（指书店主人内山完造）生活很简单，懂

---

① 《大江书铺昨日宴客》，《申报》1928年9月10日。

② 1928年3月4日，陈望道致信汪馥泉：“回信仍以复旦转为便。因为我也许要搬家。”1928年6月2日，陈望道致信汪馥泉：“我现寓……离内山书店不及百步，由窦乐安路进来便是。”见孔另境：《现代作家书简》，上海书店出版社1936年版，第164、165页。

得生意经，并且也染上了中国人民的习气，喜欢讲交情。因此，我们这一批在日本久住的人在上海，总喜欢到他的店里去坐坐谈谈。”① 这些与内山完造相熟的人中，就有陈望道。② 两年前，谷崎润一郎曾造访内山书店，据他描述，“哲学、科学、法律、文学、宗教、美术……如今中国人的新知识，差不多大部分都取之日文书……为了快捷地获得新知识的中国人，都在争相学习日文。”③ 或许是看准了社科类书籍在青年中的影响，陈望道明确大江书铺的出版倾向：“最好范围略宽，为科学、思想、文艺的传播的机关。”

从今四川北路2050号内山书店旧址，即陈望道住处附近，到今横浜路35弄景云里的大江书铺旧址，不过500米。在虹口四川北路一带这个作家和出版从业人员聚集区，陈望道与左翼文艺事业结下了不解之缘。

景云里始建于1925年。大江书铺位于景云里4号；1927年5月，叶圣陶住进景云里11号，直到1932年；1927年沈雁冰也住进景云里11号，住在三楼；1928年，在陈望道的建议下，沈雁冰赴日，住处让给了冯雪峰居住；1927年10月，鲁迅从广州来沪，定居景云里，与周建人比邻而居。

---

① 郁达夫：《回忆鲁迅》，见《鲁迅回忆录》，北京出版社1999年版，第164页。

② “陈望道……等，他们都是我十分熟悉的人。……通过内山书店，我结识了很多中国的文化界人士。”见［日］小泽正元：《内山完造传》，赵宝智、吴德烈译，百花文艺出版社1983年版，第90页。

③ ［日］谷崎润一郎：《上海交游记》，徐静波译，《文汇学人》2017年7月14日。

20 世纪 30 年代的内山书店

居住的方便使陈望道与鲁迅等人的交往日益密切，大江书铺也围绕四川北路一带，形成作者、译者群。譬如，大江书铺出版的鲁迅译的《艺术论》《毁灭》，夏衍译的《初春的风》，冯雪峰译的《现代欧洲艺术》，施存统、周伯棣译的《经济史纲》，刘侃元译的《社会政策原理》，汪馥泉译的《文学的作者与读者》，丰子恺译的《音乐概论》《音乐的听法》等，这其中大部分是依据市场需求出版的日文翻译书籍。原创作品有茅盾的《宿莽》《野蔷薇》，周建人的《进化论》，等等。值得一提的是，丰子恺不仅为大江书铺译书，还为大江书铺出版的图书设计

《两个青年的悲剧》，傅东华译
大江书铺 1929 年 10 月版

《近代日本小品文选》，谢六逸译
大江书铺 1929 年 5 月版

封面。

提到丰子恺，不得不提开明书店和立达学园。开明书店成立于 1926 年 8 月，宝山路宝山里 60 号，距景云里的大江书铺不到 1 公里，丰子恺是主要发起人之一。除了丰子恺，开明书店的发起人还有章锡琛、夏丏尊、胡愈之、郑振铎等，均与陈望道往来密切。陈望道在筹建大江书铺时，便对比开明书店的经营方式，致信汪馥泉说："总要有一人像章锡琛样当作一件生意干，才能有出色。"[1] 陈望道在信中还提及了一些中小书店，除了开明书店外，还有北新、创造、亚东、泰东、光华、春野、新月、现代、金屋、阳春、晓山、人间、爱的、真美善、嘤嘤、爱文、南华等。陈望道提及的这些书店的经营者，不乏如陈望道般的"文人"，如北新书局的老板李小峰，创造社出版部的郭沫若，光华书局的张静庐，春野书店的蒋光慈，金屋书店的邵洵美，真美善的曾朴、曾虚白父子等。此外，大江书铺所在的四川北路一带，还有良友图书公司、商务印书馆北四川路分馆、水沫书店、春潮书局、湖风书局等。从作者群到编辑群，从印刷所到

《持志大学》1926 年校刊中的陈望道

① 《现代作家书简》，第 164 页。

出版销售机构，虹口四川北路一带的出版集聚效应使其成为仅次于福州路的文化产业聚集地。

立达学园创办于1925年2月1日，老靶子路（今武进路）俭德里10号。丰子恺是创始人之一，夏丏尊、方光焘、夏衍、陈望道等均曾在立达学园任教。

这一时期虹口几所重要的教育机构均与陈望道有关。上海大学也在1925年从西摩路搬至闸北的青云路（今属静安区），由于代理校长邵力子已去广州，学校事务由时任行政委员会主任的陈望道主持，直至1927年5月被封闭。1932年"一·二八"事变后，上海大学闸北校址被毁。中华艺术大学成立于1929年，是中国共产党地下组织创办的学校，校址在窦乐安路233号（今多伦路145号），陈望道任校长。1930年3月2日，中国左翼作家联盟在中华艺术大学举行成立大会；5月29日，"左联"在此召开了第二次大会。陈望道虽然表面中立，实则是不参加"左联"的"左联"成员。

1930年2月1日，陈望道为筹办《文艺研究》杂志，约请鲁迅等人聚餐，商讨办杂志事宜。会面地点就在今四川北路虬江路路口的新雅茶店。"大江书店招餐于新雅茶店，晚与雪峰同往，同席为傅东华、施复亮、汪馥泉、沈端先、冯三昧、陈望道、郭昭熙等。"①一周后，鲁迅便拟好了《文艺研究》例言草稿八条。三个多月后，《文艺研究》由大江书铺发行。②《文艺研究》本拟作季

① 《鲁迅全集（第十六卷）》，人民文学出版社2005年版，第181页。

② 关于《文艺研究》的刊行时间，杂志内封上写的是1930年2月15日。据《鲁迅日记》，鲁迅1930年4月25日"阅《文艺研究》第一期原稿讫"。实际问世的时间，当在5月左右。

刊发行，第一期刊登了傅东华、陈望道、鲁迅、冯雪峰、韩侍桁五人的译作。可惜的是，《文艺研究》仅发行了一期便停刊了。早在1928年10月，大江书铺刚刚开办之际，陈望道便主编了《大江》月刊（出了3期便终刊），作者群几乎与复旦师生、浙江籍同乡等陈望道早期交游圈重合，随着大江书铺的经营，冯雪峰、韩侍桁、丁玲、田汉、郭沫若、叶圣陶等左翼文艺界人士和出版界人士也进入了陈望道的圈子。可以说，虹口的文化氛围促进了陈望道交游圈的进一步扩展。

1925—1930年的陈望道正处于文坛地位逐步攀升的时期，这与虹口的地域文化及其在虹口的活动密不可分。

1930年夏，陈望道从复旦大学辞职，专心从事写作和出版工作。不久，大江书铺迁至五马路棋盘街①（今广东路一带），因着地点优势，生意蒸蒸日上。陈望道大约也在20世纪30年代初迁居，离开了虹口。②1934年，因陈望道在安徽，施存统在金华，沪上店务主持乏人，各股东经营意见不合、经济难以为继，大江书铺最终以3000元的价格出售给开明书店。

① 大江书铺自开办以来，屡迁店址：1928年9月在景云里4号开办，1929年6月迁至狄思威路，1931年再迁至五马路棋盘街，1934年迁至今福州路一带，直至倒闭。

② 至迟在1932年1月31日，陈望道已搬至祥茂里。“一·二八”事变后刘大白致徐蔚南信：“上海底危险受到了没有？住在祥茂里的望道，……有没有受危险？现在有没有安全地逃到租界里？”见《白屋书信》，上海大众书局1936年版，第103页。

『天通庵』是个什么地方

王启元

即便再普通的上海市民，也应当听说过有一条经过虹口、闸北两区叫做“天通庵路”的马路。如果再资深一些的老上海，想必能报出曾经淞沪铁路上的一个车站“天通庵站”。若是对近代史、抗战史感兴趣的人士，一定能指出“天通庵站”的附近，就是“一・二八”“八一三”两次淞沪抗战的主战场；天通庵站便毁于那场战火之中。甚至，更为留心地方史志的本地人会精确地指出，现今虹口区的天通庵路近宝山路口南侧，仍保有当年的一段铁轨，隐隐露出一丝当年喧嚣的痕迹。

不过，即便连“骨灰级”的地方史志学者恐怕也无法轻易地解答，“天通庵”究竟是个什么地方——究竟是一座庵堂，还是一个地名？如果是庵堂的话，我们还能找到它的痕迹么？

今天通庵站遗址

天通庵站旧影

一座只剩名字的寺院

仅凭这个名字，想来“天通庵”应该是一座佛教庵堂，完全不错——不过，这座小庵似乎真的没有在地方史志中留下太多痕迹。即便有上海地方志办公室所编《上海府县旧志丛书》(共11卷36册，上海古籍出版社)通检存世上海地区方志文本，也只能找到一些的碎片鳞爪。

现今淞沪铁路以西的市区地带，在近代之前一直不归上海县或松江府管辖，而是长期属于苏州府嘉定县及之后所析的宝山县（隶太仓州）治下的一个著名的市镇：江湾镇。尽管“天通庵”附近已距离江湾镇治所多达十里地，属镇外的农村，但因此地接近开埠后的上海滩，近代以来的乡镇发展反而还胜过本埠县镇，所以在上海建“特别市”前后，这片区域就被正式划归上海管辖。

在现今存世的嘉定县志系列中，我们找不到有“天通庵”这个名字存在，应该可以推测至少在雍正二年（1724年）宝山从嘉定析出之前，“天通庵”可能尚未创建；或者即便存在，其影响也是微乎其微。“天通庵”最早的记载，出现在光绪七年（1881年）定稿的《光绪宝山县志》“寺观”条中江湾镇“崑福寺”条末，不过那也仅出现了名字，其他一无所书。（志文：又有迎真道院、西林庵、天通庵。）到了民国十年（1921年）刊行的《民国宝山县续志》卷五“寺观”条中，提到了“天通庵”的位置，并且知道此地已经办起了小学，赶上“庙产兴学”的潮流了。（原文：天通庵，在南乡结一图，附见前志（即光绪志）“崑福寺”条下。今内设芦滨小学。）好歹有了一些线索。

这所庙产所改的小学，全名“芦滨国民学校”，由一位叫严涛的江湾本地人所建，开办的时间在民国元年（1912 年）8 月。办学初期，这里有学生 75 人，一年经费 1085 元（《民国续志》）。重编的《民国宝山县再续志》（1930 年）中，记载这所初小在民国十三年（1924 年）曾易称“江湾乡立第二初级小学校”，两年后筹建上海特别市，这里划归闸北市，易为“芦滨初级小学校”。十几年后的生源增长不多（93 人），经费似乎还减了（每年经费 1048 元）。再往后的志书里，这所学校并“天通庵”的记载就少了；最终校址并庙址可能就在淞沪战争的大劫难中不复存在了。今天尝试通过“芦滨初级小学校”寻找天通庵的可能基本也没有了。

说到类似天通庵这般庙产兴学的状况，可算是近代江南重要的社会风气。一来江南地方注重教育的传统根深蒂固，且毫不妨碍对新式教育的接受。二来江南古来“尚鬼”，自然是庙多。晚清以来，宝山境内自吴淞至江湾一带的国民教育，大有开时代先锋之气息，今从旧县志中可以看到，近代宝山境内几乎把大多数的寺观庵堂都改为基础学校。旧时便作为学校建筑的孔庙、学宫自不当说，城乡里的观音堂、狮吼庵、忠义祠等场所也纷纷被征设新式初级学堂。其中，这里有一所集庙产之大成的学堂：宝山县立师范及其附属小学，其校址竟遍历宝山文昌祠、陈忠愍公（化成）祠、财神庙、火神庙等各处祠庙，可谓集齐了天地的精华。这所历经战火与时代沧桑的学堂，就是今天的宝山中学；它的创办人，是

县志载袁希涛像

宝山本地赫赫有名的教育家、两任民国教育部次长，同时也是复旦公学创始人、同济学校复校人之一的袁希涛。

天通庵所改的学校名称中的“芦滨”，显然指的是位于一条简称叫“芦”的河边；江湾境内就有一条，名为“芦泾浦”。这条水由南往北，自黄浦江经虹口港，再于当时的虬江附近，分出沙泾、芦泾二浦。芦泾在西，于虬江（今虬江路、邢家桥路附近）为起点，折西经今横浜桥，再贯穿淞沪铁路，由江湾西镇出走马塘。县志记载此水穿淞沪铁路后，曾“折北”而过天通庵，如此则庙、学确实就在芦泾浦水边。

不过近代修志人又给我们开了个玩笑，民国以后“芦泾浦”的名字与近邻的一条河名搞混了，错误还被保存到了现在；如果照着旧志寻找现今的“芦泾浦”与河滨的“天通庵”，很可能会变成了悬案——因为“芦泾浦”被无缘无故改了名字；而夺了“芦泾浦”名分的，正是东侧相距四五里的那条同源同终的河流：“俞泾浦”。“俞泾浦”得名于河边的俞泾王庙，庙址就在江湾镇东南，庙中祀汉霍光。霍光神祇在上海周边非常受欢迎，宋代以来金山海边就建有忠烈昭应庙立其神主，最早可能要追溯到三国时期吴主孙皓梦见霍光降神、力保海塘无虞的传说；上海县两位城隍中有一位就是他。此处俞泾王庙里的霍光，可能也与周遭近海，民众有求于霍光神有关。晚至上海特别市时代所修《民国宝山县再续志》中依然清晰地表明，“俞泾浦”南自屈家桥南铁路桥起（此桥殊不易考，位置当在今上外虹口校区西），北至走马塘上的奎照桥下走马塘止。此河旧名江湾浦，就是江湾镇得名出处，还有个更为通行的名字“沙泾”沿用至今。但嘉业堂主刘承干所藏《光绪重修宝山县志稿》一种不分卷（今藏于浙江省图书馆），里面已经混同芦泾、俞泾而浦。县志稿中已经将天通庵置于俞泾浦侧，尽管其对芦泾的记载，仍大多依据光绪旧志。这本县志稿向无流通，但现今河道命名中依然犯了一模一样错误：芦泾故道现今变叫做“俞泾浦”。更为诡异的是，今“俞泾浦”西平型关路再西侧，还有一条叫作“俞泾港路”的马路，似乎指示那里与俞泾浦之间有联系，但那里距明清老俞泾浦切线位置，已相去两三公里路了。

作为村名的“天通庵”

虽然作为佛教庵堂的天通庵，在传世文献中默默无闻，但庵堂的周围，仿佛受了天地精气，紧随着近代上

光绪宝山县志地图中的天通庵镇位置

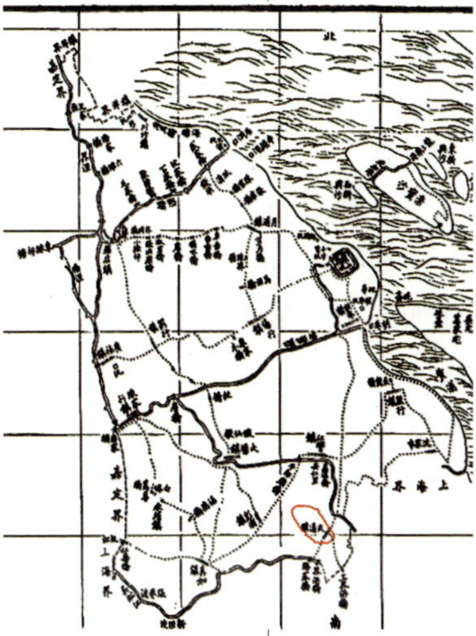

民国宝山县志中的天通庵

海崛起的步伐迅速发展。近代以来的“天通庵”已不仅仅是个庵堂的所在，他还代表了周边的一大片“村集”之地，这便是江南常见的“因寺成镇”。旧志中记载，芦泾浦上有座道光年间重修的“永宁桥”，位置在“天通庵”，此处的“天通庵”就是村集之名，不应简单视作桥在庵中。

江南地区素有因寺成镇的传统，仅上海地区便能找出多处实例：法华寺而有法华镇、七宝寺而有七宝镇、真如寺而有真如镇，南翔寺（云翔寺）而有南翔镇，龙华寺而有龙华乡，静安寺不仅有旧时静安寺路，现今更是保留了静安区这样的大名。天通庵虽也因循此例，终仅命名了村与街道，连庵堂本身都不易寻觅，这较之法华、七宝、真如、南翔、静安这几座江南有名大刹，确实不能同日而语；但天通庵一地却因中国的近代化浪潮，以及此后更为残酷卓绝的战争，以更为特殊的方式而扬名于世。

比如，光绪宝山志中就提到，“天通庵”是江湾镇治下排名第一繁华的村集。虽然这里一开始是一个小农村，但地近租界，毘连商埠，民国初年已经有商铺 20 余家，并开设有丝厂、染织厂等机构，存市面貌日益繁华，已经与大上海商场无异，“迥非曩时村集气象矣”。（《民国宝山县续志》卷一）这里有“福和”“三元”“文记”诸厂产的丝绸，“精益”的皮革，“三益”的棉线球，“美华利”的自鸣钟，“宝山玻璃公司”的玻璃，用现今的话来说，产业结构非常合理。

天通庵本身也是淞沪间水陆交通的重要中转。航运之外，民国初期天通庵地区便有多条新修近代马路可通达，其中大多数故道甚至是路名，还保留至今。江湾镇至天通庵之间，有条光绪中叶时所修的石路“江湾路”，起点是江湾镇走马塘南的香花桥，终点就是天通庵，长约九里，为商贩往来要道，由天通庵一带蜀商公所的职员张杏农发起建造的，现今这条路大约就是新市路—西江湾路沿线。另一条路更是以“天通庵”为路名；天通庵路也一直保留至今。此路为民国六年所筑的泥石混合路，长五百丈（约 1.5 公里），造价 4800 余元，当时尚有“二百丈”没完工。那时所筑天通庵路，西起会馆路，东至横浜路，今横浜路以东至天通庵站遗址部分还未修建。现今的天通庵路基本在民国原路的基础上扩建而成，从现今马路所及可以推测，这一带应该是当时那个重要“村集”天通庵的核心区域。老天通庵路西首的“会馆路”，现今应该就在静安区会文路附近，那里曾以湖州会馆而闻名。那所著名的湖州会馆曾是中国共产党早期的总工会所在地，1927 年上海工人第三次武装起义与一个月内的“四·一二”反革命政变，都曾在这里留下深刻的历史印记。

鉴于这片村集的重要性，光绪年间两次修建上海至吴淞铁路：吴淞铁路（1876 年）与淞沪铁路（1897 年），上海始发的第二站都选在了这里。当时修火车站的惯例，车站都设于市镇中心的外围，上海站（老北站）被放在了上海县与宝山县交界处，江湾站放在镇南崑福寺旧址边，天通庵站也放在了这片村集的北面，天通庵路犹未能修到的地方。

1927 年 3 月，为了响应北伐军，中国共产党领导的上海工人武装，在周恩来、赵世炎、罗亦农等同志指挥下，

“一·二八”事变后被日军占领的天通庵站

攻占天通庵站，将北洋派来支援上海的毕庶澄部打散。毕庶澄经由租界逃回青岛后，被其上司张宗昌授意枪决。

5 年后的 1932 年 1 月 28 日，日本借口“日僧被殴”事件，乘深夜出兵天通庵车站，并希望自天通庵站进图上海站（老北站），被中国守军第十九路军及时发现，双方围绕这座车站进行激烈的拉锯战。在军长蔡廷锴、总指挥蒋光鼐的指挥下，中国军队于天通庵宝山路一线与日军进行了殊死巷战。两周之后张治中奉命率由拱卫南京的警卫军 87、88 师和教导总队组成第五军，驰援上海前线，与第十九路军并肩战斗，是为震惊中外的“一·二八”事变。

5 年之后的 1937 年夏，抗日战争全面爆发，8 月 13 日，参加过“一·二八”淞沪抗战的 87 师率先在天通庵

第十九路军三位指挥官，从右到左分别是蔡廷锴、蒋光鼐、戴戟

灵谷寺中两座参加“一·二八”淞沪抗战的阵亡将士纪念碑

边芦泾浦上游的八字桥上，与日军交火，车站附近很快又沦为战场；一场被后世喻为“血肉磨坊”的淞沪会战，就在天通庵点燃。

天通庵在哪儿?

翻检县志已不足以提供天通庵庵堂的位置，幸好近代上海还有存世多版老地图可供检索；但想从传世的老地图中找到天通庵，恐怕也不是那么太容易。其中原因之一，便是天通庵村集一带位于华界之外，上海旧时地图多热衷于绘制租界华界的市区范围，而对有铁路相隔的“郊区”或多或少有些敷衍。比如老地图中的代表作 1947 年出版的《上海市行号路图录》(更流行的名字《老上海百业指南》) 的图中，便只画到四川北路横浜桥附近，正好忽略天通庵。甚至，且不论村集之地的天通庵，就连赫赫有名的淞沪铁路第二站的天通庵火车站，好多地图都不甚乐意标出，这实在让人挠头。民国二年（1913 年）商务印书馆出版的《实测上海城厢租界地图》，就在最边缘角落里提到了“天通庵”。

图中用红圈标出者便是天通庵位置。不过此图中天通庵已非常边缘，殊不易判断其准确位置；而近在咫尺的天通庵站，地图也未能标出。不过，其中与天通庵相邻有一座“俄国教堂”值得注意。

1918 年《字林西报》(*North-China Daily News & Herald Limited*) 出版的《上海地图》(*Map of Shanghai*) 中，这个区域绘制得更为仔细了。

图中的“YU CHUNG POO”，即为“俞泾浦”，可

1913 年商务印书馆版上海地图局部（天通庵位置此图并不准确）

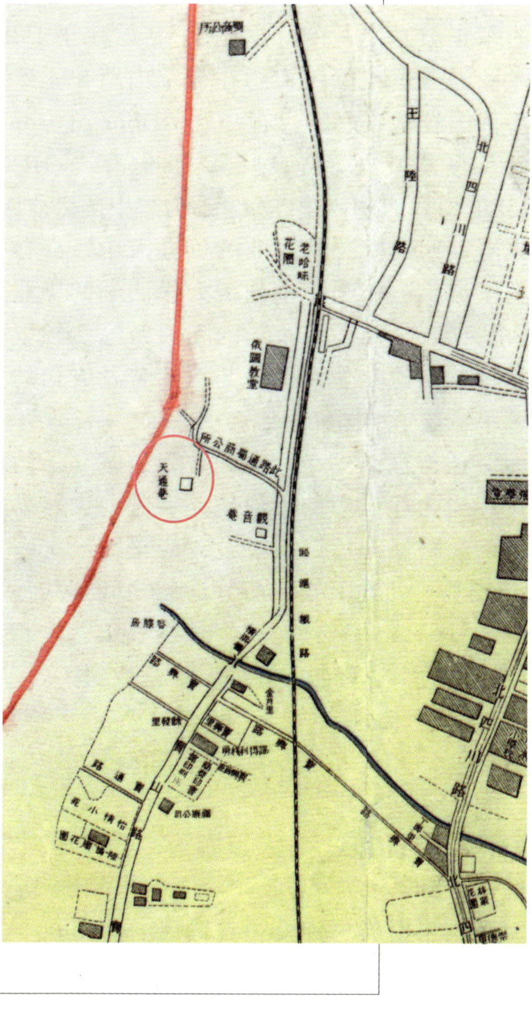

见那时的本地人口中“芦泾”“俞泾”已经分不清了。天通庵“TIEN TONG AN”的位置更为清晰，位于俞泾浦转弯的西南侧。隔着俞泾不远在铁路西侧，依然可见那座俄国教堂（RUSSIAN CHURCH）。那里就是中国最早的东正教堂之一的“主显堂”，始建于1903年，毁于两次淞沪战争，位置大约在今宝山路874号附近。天通庵与俄国教堂西北侧，有一处“Door of Hope”，为当日解救从良的妓女“济良院”，西侧有“CHINESE PUBLIC ISOLATION HOSPITAL”，为“中国公立医院”；从县志来看，这两家公共事业的创办人中，都有一位叫沈敦和的宁波人。作为一位剑桥大学法学的毕业生，沈敦和出入法律、工商、教育、国际关系等多领域，不过最为人称道的是他在公共卫生与医疗普及方面的贡献，正是他亲手缔造了中国红十字会。

值得注意的是，上图“天通庵”下的一条虚线，其位置当为建设中的天通庵路，庵前大路以庵名命名是为惯例，路面跨过芦浦泾处，应该曾经有座县志里记载的“永宁桥”。俄国教堂与天通庵之间连线，基本与宝山路淞沪铁路线垂直，与现今地图查得基本相似。终于，这座著名的“非著名”寺院，算是找到了。

结语：顽强的名字

“一门儿里，有人当面子，就得有人当里子”；更有的人就留了个名字。

读书时候，钟爱一首民谣 *I'm Yours*，对其中一句尤其印象深刻：

It’s what we aim to do，our name is our virtue.

这句“名字即我们的优势”，用在天通庵的身上可谓异样的别致。这座在乡镇地方都不甚受人重视的小庵堂，因为地理、交通、商贸甚至是战争等多重因缘，硬生生将自己的名字刻进了驳杂丰富的近代史之中；即便长久以来谁都不记得它的庵堂身在何处。

套用一句佛家讲的，“说是天通庵，既非天通庵，是名天通庵”；找寻天通庵的一开始，我们便知道那里不过就是一间小庙，这段找寻过程的意义，其实是为了重温那段属于近代江南的风云与回忆。

顿宫宽与福民医院

陈祖恩

四川北路的福民医院，由顿宫宽创办，曾是上海最大的日侨综合性医院。

顿宫宽（1884—1974），出生于日本香川县小豆郡小部村（现土庄町）的医师世家，祖父顿宫贞斉、父亲顿宫正平均以医业为生。受父辈影响，顿宫宽自小就有从医的志向。1909年，从东京帝国大学医学部毕业，翌年获医师资格证书，入东京三井慈善病院外科医局工作。1912年3月，在东京出版著作《荐骨及腰髓麻醉法》，7月就任东京日本医学专科学校（今日本医科大学）教授。1918年春，应邀来中国，在湖北大冶中国最早的钢铁联合企业汉冶萍煤铁厂矿公司任医院院长。同年10月获东京帝国大学医学部医学博士学位。

在大冶工作1年半后，开始与上海结缘。起因是1919年9月东京大学医学部的先辈、虹口佐佐木医院院长佐佐木金次郎在东京逝世，其在遗嘱中请求顿宫宽去上海继承医院。佐佐木金次郎（1869—1919），明治2年（1869年）出生在秋田县由利郡，东京帝国大学医学部毕业，1901年来沪。最初在常盘旅馆投宿时开始医疗事务，后在武昌路仁德里开设佐佐木医院，不久又在文监师路（今塘沽路）和南浔路转角处增设佐佐木第二医院（1904年关闭）。1905年9月，佐佐木医院迁往北苏州路37号，佐佐木兼任内、外、眼科主任，还主持妇产科工作，最后医院迁往临近北四川路的靶子路（今武进路）27号。

1920年1月，顿宫宽应约来到上海，就任佐佐木医院院长。1921年4月将医院移至北四川路142号（今1878号），改名“福民医院”。“福民医院”的名字是佐佐木金次郎的友人、上海商界名人王一亭起的。1923年8月，顿宫宽的父亲访问王一亭位于南市的私邸梓园，王一亭还给他画了一幅肖像画。

1922年10月，顿宫宽应上海南洋医学专门学校校长顾南群的邀请，出任名誉校长兼外科主任教授，主编《南洋医学》杂志。顾南群毕业于日本爱知县立医学专门学校，1916年，基于卫生救国的理念，在上海山海关路开设南洋医院，两年后将医院移至南市黄家路，在山海关路医院原址开设南洋医学专门学校。该校的师资力量大多有留学日本的渊源，如教务长李定，千叶医专毕业；理学部教授夏建安，大阪医专毕业；教授吴宗庆，爱知医专毕业；外科教授孙孝宽，京都医大毕业。顿宫宽出任名誉校长两年后，南洋医学专门学校升级为南洋医科大学。该校毕业生陈人杰，经顿宫宽介绍到冈山医科大学留学，归国后在福民医院任内科医师。

1924年8月，顿宫宽发起成立日侨旅沪同志会，为第一任委员长。

福民医院原来只有一幢三层的砖木结构建筑，后来由王一亭提供担保，利用事务所旧址，花费40万元，经

顿宫宽所创福民医院，为当时日本在沪开办规模最大的医院

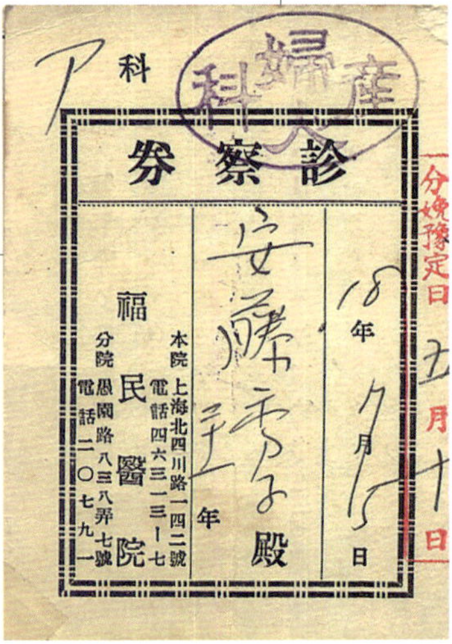

1929 年 7 月 5 日福民医院第一张诊查券

3 年多时间的改建，于 1934 年 12 月建成地下一层、地上七层的钢筋水泥结构的新型医学大楼。大楼内配备电梯，病房设施充分考虑通风、采光、隔音等条件，地下室有自备发电机和蓄水池。医院设外科、内科、中医科、泌尿科、小儿科、妇科、口腔科、眼科、耳鼻咽喉科、放射科等，配备技术精深的专门医生。

1934 年新大楼竣工时，挂牌的医师如下：

外科、整形科：顿宫宽博士（院长兼外科医长）。

内科：松井胜冬博士（副院长兼内科医长）。

小儿科：小原直躬博士（副院长兼小儿科医长）。

产妇人科：高山章三博士（副院长兼产妇人科医长）。

泌尿器科：庄野英夫医学士（医长）。

眼科：川井观二医学士（医长）。

耳鼻咽喉科：关匡和博士（医长）。

齿科：小林元隆博士（医长）。

放射室：高桥淳三技师（室长）。

药局：山本显药剂师（局长）。

总护士长：木村辰。

事务长：吉屋助次郎。

新大楼建成后，福民医院精心制作了广告："福民医院是上海唯一的日本大医院，七层医学大楼，配备了来自美国、德国和日本最先进的医疗设备，使它成为远东地区杰出的医疗中心之一。尽管顿宫（Tongu）医生是一位日本人，但他的机构毫无疑问是国际化的，有中国医生和日本医生。护士团队也由中国人、日本人和欧洲人组成。顿宫医生希望他的医院不仅能在上海对抗疾病的

福民医院开设许可证（虹口区档案馆藏）

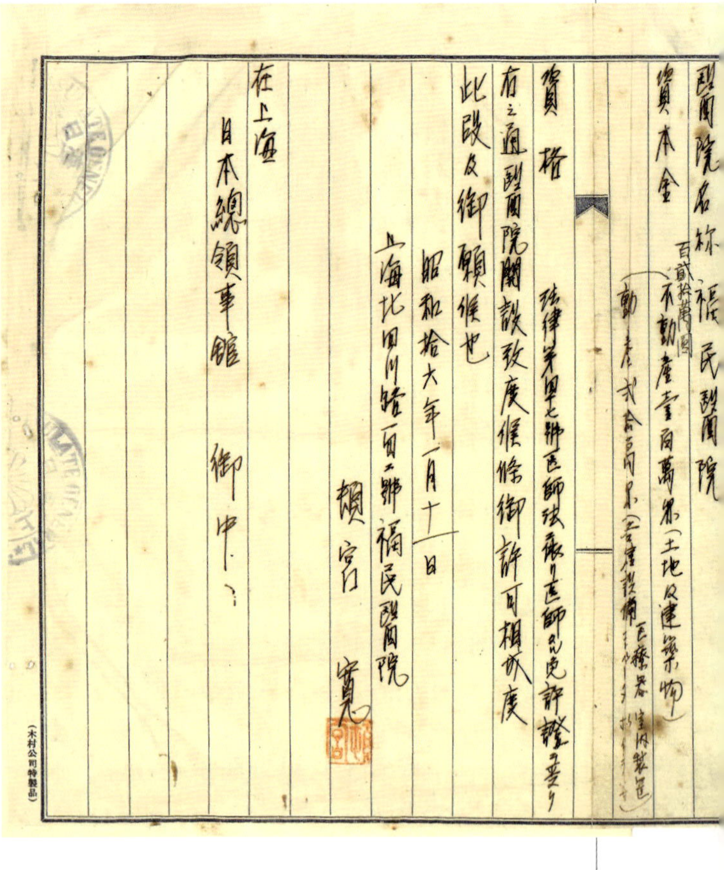
醫院名称 福民醫院
資本金 百弐拾萬圓
不動産壹百萬円（土地及建築物）
動産弐拾萬円（診療設備 醫療器 室内装置 其他）
資格 法律第四十七號醫師法ニ依リ醫師免許證ヲ有シ
有之通醫院開設致度候條御許可相成度
此段及御願候也
昭和拾六年一月十一日
上海北四川路百二號 福民醫院
頓宮 寛
在上海
日本總領事館 御中
（木村公司特製品）

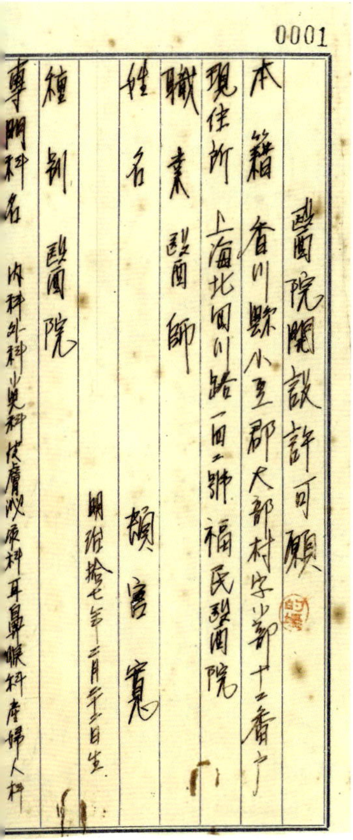
0001

醫院開設許可願

本籍　香川縣小豆郡大部村字小部十二番戶

現住所　上海北四川路一四一號　福民醫院

職業　醫師

姓名　頓宮寬

明治拾七年二月二十二日生

種別　醫院

專門科名　內科外科小兒科皮膚泌尿科耳鼻喉科產婦人科

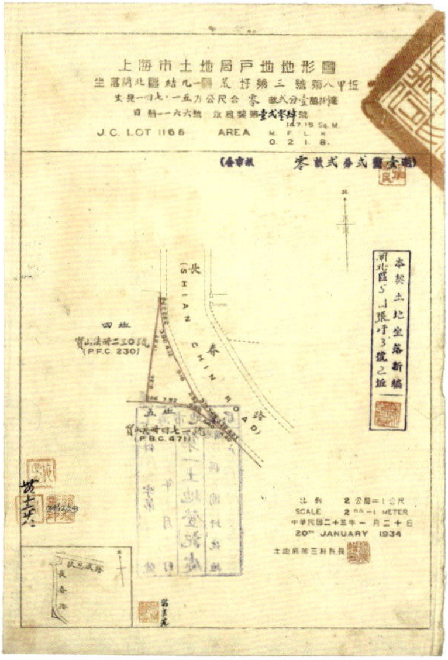

福民医院地形图（虹口区档案馆藏）

民国土地局永租契（虹口区档案馆藏）

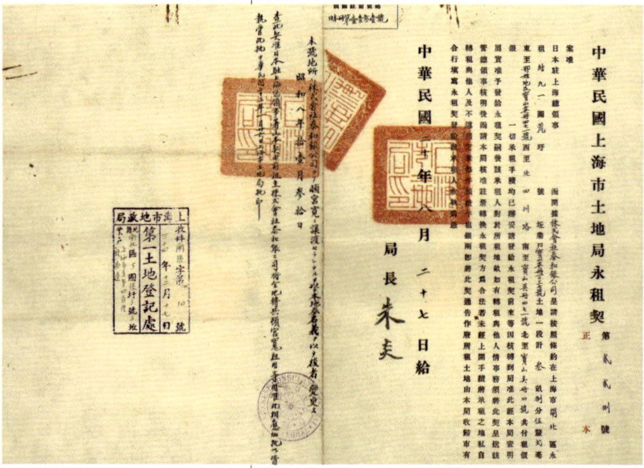

中華民國上海市土地局永租契 第貳貳卅號 正本

中華民國二十二年八月二十七日給

局長 朱夫

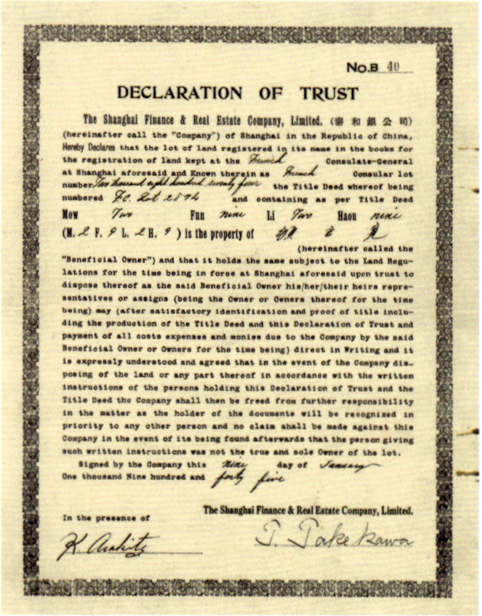

No.B 40

DECLARATION OF TRUST

The Shanghai Finance & Real Estate Company, Limited. (泰和銀公司) (hereinafter call the "Company") of Shanghai in the Republic of China, Hereby Declares that the lot of land registered in its name in the books for the registration of land kept at the *French* Consulate-General at Shanghai aforesaid and Known therein as *French* Consular lot number *Two thousand eight hundred seventy four* the Title Deed whereof being numbered *Fc. Lot 2874* and containing as per Title Deed Mow *Two* Fun *nine* Li *Two* Haou *nine* (M. *2* F. *9* L. *2* H. *9*) is the property of [illegible] (hereinafter called the "Beneficial Owner") and that it holds the same subject to the Land Regulations for the time being in force at Shanghai aforesaid upon trust to dispose thereof as the said Beneficial Owner his/her/their heirs representatives or assigns (being the Owner or Owners thereof for the time being) may (after satisfactory identification and proof of title including the production of the Title Deed and this Declaration of Trust and payment of all costs expenses and monies due to the Company by the said Beneficial Owner or Owners for the time being) direct in Writing and it is expressly understood and agreed that in the event of the Company disposing of the land or any part thereof in accordance with the written instructions of the persons holding this Declaration of Trust and the Title Deed the Company shall then be freed from further responsibility in the matter as the holder of the documents will be recognized in priority to any other person and no claim shall be made against this Company in the event of its being found afterwards that the person giving such written instructions was not the true and sole Owner of the lot.

Signed by the Company this *Nine* day of *January* One thousand Nine hundred and *forty five*

In the presence of

K. Arakita

The Shanghai Finance & Real Estate Company, Limited.

T. Takekawa

信托声明书
（虹口区档案馆藏）

斗争方面扮演重要角色，而且能加强生活在世界上最国际化大都市的人们之间的友谊。”

作为医生，顿宫宽的理念是：患者都是医院的客人，没有人种和阶级的差别，应尽最大努力对他们亲切叮嘱；在患者面前不说他人的坏话，不表示自己的不满；在患者面前不发怒；给中国人患者治疗时，把自己当作中国人，尽量不要依赖翻译。

福民医院，打破一般上海的日本医院只为日本人服务的习惯，而将中国人作为主要的治疗对象，其次才是在上海的欧美人和日本人。因此，他聘请英国、德国、俄罗斯等国医生来院任职，在院内可以听到不同国家的语言。可以说，顿宫宽与福民医院，与上海的日本人相比，在外国人中间更有名。

该院护士大多由中国人担当，守卫和杂役则雇用印度人。医院最兴旺时，医生、职员人数达200余人，成为上海著名的综合医院之一。作为日本人经营的私立医院，其规模在当时的日本国内也少见。

救护车在那个时代是十分罕见的，在上海外侨人口最多的日本人社会，一旦发生传染病时，无论是收容患者还是到患者家庭进行消毒，都不得不借用福民医院的救护车。1940年8月，日本居留民团得到兴亚院援助后，才购入专用救护车，患者能及时地被送到日侨专用的隔离医院。

福民医院是鲁迅在上海治病的主要医院之一，鲁迅之子周海婴是在福民医院出生的。1929年9月26日下午，许广平被送入医院。27日晨8时，妇科的高山章三博士用钳子引出胎儿。鲁迅为祝母子平安，捧上一盆文竹到医院看望。

当天中午，鲁迅在给谢敦南的信中写道："广平于九月廿六日午后三时腹痛，即入福民医院，至次日晨八时生一男孩。大约因年龄关系，而阵痛又不逐渐加强，故分娩颇慢。幸医生熟手，故母子均极安好。"10月1日，鲁迅与许广平商定给孩子取名海婴。10月10日，许广平母子出院。在许广平生孩子住院的15天里，鲁迅几乎天天到福民医院探望。许广平出院后，鲁迅还携周海婴到福民医院去检查、种牛痘等。

此外，鲁迅还经常介绍亲戚和友人到那里治病。1933年7月，鲁迅在南京矿路学堂和日本弘文馆学习时的同学张协和的次子需要住院动手术，鲁迅通过内山完造的关系介绍其住入福民医院。10月23日晚，为答谢福民医院治愈张协和的次子，鲁迅特意在上海杭州菜馆"知味观"宴请院长顿宫宽、外科医生吉田笃二、放射科医生高桥淳三及会计古屋等相关医疗人员，同时，也请给许广平接生的高山章三博士和内山完造等人参加。

1935年6月18日下午5时，上海市市长吴铁城在海格路（今华山路）私邸举行茶会，招待日本外务省文化事业部长冈田，同时被邀的还有日本驻沪总领事、东亚同文书院院长等百余人，福民医院院长顿宫宽也是座上宾。上海自然科学研究所所长新城博士在与日本记者谈话时，忽发癫痫，幸获顿宫宽竭力抢救，十分钟后苏醒。吴市长立备工部局救护车，由顿宫宽陪同送往福民医院。当晚，吴市长还特地赴医院探望。

1945年9月23日，福民医院被国民政府接收，改名"上海市立第四医院"。顿宫宽和部分医师、护士在等待回国时期，根据日侨管理处的要求，继续开展治疗业务。1946 年 4 月 8 日，顿宫宽携带两个皮箱离开上海回国，时年 62 岁。同年 4 月 17 日，顿宫宽回到故乡小豆岛，9 月开设安田诊疗所，聚集了上海福民医院的关系者。次年 9 月设立内海医院。1961 年任“香川上海会会长”。1974 年 12 月 7 日逝世。

2016 年 5 月，我曾到小豆岛土庄町访问顿宫宽的家乡，故居与诊所的建筑依存，但满园荒芜，空无一人，只有书柜里的旧书静寂无声地叙述逝去的历史。

上海市第四人民医院百年

陆　明

上海市第四人民医院历经百年发展，是学科齐全、设备优良、医疗、教学、科研和预防于一体的综合性医院。

追溯历史，上海市第四人民医院（以下简称上海四院）始建于 1921 年，原名福民医院，在当时上海滩几十家具有规模的西医医院中，无论是技术水平、硬件设施，以及知名度，都是领先的佼佼者之一。1945 年更名为上海市立第四医院，1949 年更名为上海市立第四人民医院，1966 年改名为上海市第四人民医院。2018 年 2 月，上海四院成为同济大学附属医院（筹），2020 年 8 月整体搬迁至三门路 1279 号，新院区建筑面积 14 万平方米，床位 1000 张，进入高速发展期。

巩固期

1945 年 8 月，抗战胜利，9 月，上海市国民政府接管福民医院，更名为“上海市立第四医院”，成为市级医院，院长顾南逵，医务主任兼外科主任顾恺时，顾恺时聘请一些上海医学院的教授主任来医院任各科主任。翌年顾恺时留美，顾南逵聘请余正起为医务主任兼骨科主任，1948 年 10 月，上海医学院的教授王鹏万兼医院院长（1948.10—1950.3）。在两位院长和两位医务主任努力下，5 年里巩固了医院医疗水平，建立制度、增加床位、扩充业务科室，引进医学院教授，引进留学美国、英国、德国、法国、比利时等全国级的著名专家任各科主任。

中国的西医医师分“英美派”“德日派”“法比派”，一般来说，西医每个医院都带有西医别派，但上海市立第四医院是“英美派”“德日派”“法比派”都有，因院长顾南逵曾留学日本，他是“德日派”医师；医务主任顾恺时留学美国，他是“英美派”医师。

医务主任余正起毕业于比利时列日大学医学院，他是“法比派”医师，院长王鹏万留学法国，也是“法比派”医师，所以主任、主治医师、住院医师是“英美派”“德日派”“法比派”都有，大家和平共处，这种情况，在上海是少见的，1945—1948 年上海 5 个“英美派”“德日派”“法比派”的大学医学院教授都有兼任上海市立第四医院主任的。

1945 年上海四院建筑面积 8700 平方米，医院员工 217 人，床位 270 张。是时，大师云集、名家荟萃。有中华医学会眼科分会首任会长周诚浒（留学奥地利），我国胸外科奠基人之一的顾恺时（留学美国），肝脏外科奠基人之一的徐宝彝（留学法国），现代骨科奠基人之一的李鸿儒（留学美国），中华妇产科学会副主委胡志远（留学美国），中国现代放射肿瘤学先驱张去病（留学美国），公共卫生专家杨士达（留学法国），放射诊断学专家徐惊伯（留学比利时），儿科专家宋杰（留学美国），热带病学专家陆颂慈（留学美国），环境卫生学家蔡宏道（留学美国），皮肤病学专家朱仲刚（留学法国），耳鼻喉科专家曹清泰（留学法国），泌尿科专家陈家镳、杨松森等，大部分各级医师毕业于协和、湘雅、上医、圣约翰、震旦、同济等全国著名的医学院校，当时医院与同济、同德医学院合作建立实习基地。在1945—1956年间，上海四院医疗水平处于上海前列。

1949年上海四院更名为“上海市立第四人民医院”，由上海市卫生局领导。1952年筹建上海市立第二公费医院（上海市黄浦区中心医院前身），输送了32名人才。

徘徊期

1956年，上海四院由上海市虹口区卫生局领导，成为区级医院。由于行政指令，到1977年，医院先后被调离了近500名人才。

20世纪五六十年代，上海市第四人民医院院长刘铸、上海市第六人民医院院长朱瑞镛和上海市静安区中心医院院长唐光福同时被卫生界誉为上海市3位“王牌院长”。

1958年，上海成立了上海医学专科学校（1962年并入上海第二医学院），该校教学医院为上海第一医院、上海第四医院、上海第六医院。上海四院内科、外科等各科都成立了以各科科主任、科副主任为首的各科教研组，进行教学工作。

1966年，医院更名为“上海市第四人民医院”。1975年为筹建金山石化总厂职工医院（复旦大学附属金山医院前身），输送了232名人才。

上海四院在同级医院中率先开展了数例体外循环心脏直视手术及微创胸腔手术。耳鼻喉科曹珏霖主任是我国“人工镫骨手术”的奠基人，获得全国科技大会成果奖。中医痔科林之夏、梁林江等运用祖传方法治疗复杂性肛瘘，疗效独到，享誉海内外，曾分获卫生部嘉奖和上海市科研成果奖。

1986年，医院建筑面积近2万平方米，医院员工934人，床位550张。

1993年，上海四院通过二级甲等医院评审。

2000年7月，上海四院与上海市第一人民医院合作，成立医疗联合体，冠名上海市第一人民医院分院。至2015年7月，合作期满，经上级批准，于2017年3月恢复上海市第四人民医院冠名。

2010年，上海四院建筑面积34484万平方米，医院员工806人，床位610张。

高速发展期

2018年2月2日，上海市虹口区委、区人民政府与上海同济大学签约共建同济大学附属上海市第四人民医院，计划用5年时间，将上海市第四人民医院由目前临床型医疗机构，建设成为集医疗、科研、教学功能为一体，具有三级医院服务能级的综合型大学附属医院。2018 年 12 月，973 首席科学家、中华医学会麻醉学会前任主任委员熊利泽教授加盟上海四院，并担任医院院长。2020 年 1 月，上海四院获批第一批上海市区域性医疗中心。上海四院于 2020 年 8 月整体搬迁至三门路 1279 号，新院区建筑面积 14 万平方米，床位 1000 张。

上海四院员工近 2000 人，医院引进了许多学科带点人，包括 973 首席科学家，长江学者特聘教授，国家杰出青年基金获得者，名中医；中华医学会专科学会主委、杂志主编，国家级教材主编和副主编，享受国务院政府特殊津贴专家。

上海四院科室齐全综合实力雄厚。拥有上海市基层名老中医专家传承研究工作室，上海市重点专科和虹口区重点专科 15 个。拥有神经内科、耳鼻咽喉科、眼科、中医科、中医肛肠科、中医肝病学科、疼痛科、消化科等特色学科。“十三五”期间，神经外科、脊柱外科、心胸外科等学科实现从无到有。“十四五”期间将打造临床神经学科、创伤外科、心脑血管病、麻醉与围术期医学科等重点学科，建设好泛血管病微创治疗中心、妇儿中心、睡眠医学中心、肿瘤精准诊治中心、临床转化医学中心 5 个区域医疗诊疗中心。

上海四院作为上海北部中心城区最大的公立综合医院之一和上海市区域医疗中心，为建设国内一流、国际知名的现代化综合型医院而努力。

第四人民医院前身福民医院

第四人民医院院址
（2000—2020）

档案里的大历史与普通人：一位白衣天使的成长

王启元

缘起：

2020年秋，在整理虹口区档案馆藏医学相关旧档时，无意中在原第四人民医院卷宗中发现一位护士的档案记录；其中并非常见的人事档案形态，而是她任职四院之前求学、聘用、调任等各种服务证明。从那些证明材料中可以判断，档案主人在抗战时曾慷慨从戎，转战湘桂川黔。因为所存材料有限，一时间无从了解更多信息，也不知天壤间是否能拼凑出这段传奇的经历。后与四院退休的陆明老师聊起，竟然与这位档案主人及后人相识，遂于去冬大寒之日，冒昧登门拜访，得闻后人的回忆与所存父母手书回忆文献中，不仅有母亲早年毕业证、护士职业证书，还有其手书自传材料若干种；档案主人的丈夫是一位民国时代的知名记者，同样留下了不少文字记录。由于自述文字皆出自20世纪五六十年代，回忆描述也伴有浓重的时代特征。综合档案、自述、回忆以及相关的考证，我们逐渐走近这位平凡亦不平凡的白衣天使孙怀典（1915.1.30—2007.7.21）。

白衣天使的成长：求学家乡前后

在粤东揭阳县沿榕江东南20里处，有一处地名“京岗”，传说揭阳于南宋最初建县时，治所就选在这里，孙怀典就出生在这里一个叫祠堂埔的地方。孙家为基督教家庭，家中务农，有10个兄弟姐妹，她排行第三。因家境贫寒，很晚才读书；其自述11岁才入乡间的小学读书，但似乎不久就辍学在家，不得不通过做手工补贴家用。1932年，在攒到一些收入后，孙怀典要母亲重新送她去读书，再三要求下，母亲终答应把她送到自己当年的母校：汕头市内的教会所办淑德女校，继续求学。近代汕头淑德女校，为潮汕地区的知名新学，由英国长老会于1870年开设。20世纪20年代弥漫全国的“非基”运动中，广东教育界也掀起过收回基督教学校教权运动，不过孙怀典就读的淑德女校似乎是其中受影响最小的学校，从后人研究中可以看到，当时淑德的课程中也就是在传统教会教育基础上，略微加入了学生会、纪念周等活动而已（杜式敏《20年代的基督教会女校》）。在这样的氛围里，两年后的1934年，孙怀典作出了影响自己一生的决定，考入汕头福音医院所设护士学校：岭东高级护士学校，立志成为一位白衣天使。

汕头福音医院（The Medical Missonary Hospital of Swatow）于1863年由英国长老会创办，是粤东地区最早的西医医院，也是中国最早创办的西医医院之一。因创办差会相同，且地址相近，院校皆在今汕头老城外马路南三牧楼巷上，孙怀典应该是在求学时便已熟知这所医院及附设护士学校的信息。这里的学制是三年，但抗日战争打乱了孙怀典的求学生涯。1937 年岭东护校毕业后，按照学校规定，还要进行一年的产科学习，毕业后才能拿到毕业证明，而毕业的重要一环，是要求每个产科学生必须独立接生 20 个产妇才能毕业。孙怀典认为那

虹口区档案馆藏福音医院 1947 年为孙怀典所开《服务证明书》，其中言其护校毕业于 1938 年（民国二十七年），有误，当为 1937 年

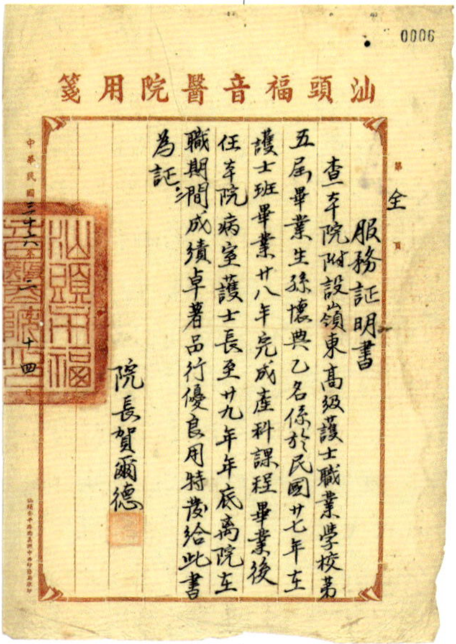
0006

汕頭福音醫院用箋

第 全 頁

服務証明書

查本院附設嶺東高級護士職業學校第五屆畢業生孫懷典乙名係於民國廿七年在護士班畢業廿八年完成產科課程畢業後任本院病室護士長至廿九年年底離院在職期間成績卓著品行優良用特發給此書為証。

院長賀爾德

中華民國三十六年二月十四日

是战争时期的故意刁难，那时汕头产妇锐减，很难准时完成考核，且她自己已经协助接生超过200位产妇。加上战时临时停学复学，她差不多延时一年才接生到数，成功毕业时已经是1939年了。

毕业后的孙怀典一开始留在福音医院工作，先后做过病房与门诊护士，也在手术室任洗手护士。但此时抗日战争已进入危急时刻，潮汕的形势也急剧恶化；尤其广州沦陷后，汕头成为仅剩的对外的口岸，很快成为日军的下一个目标，最终于1939年6月21日沦陷。当时仍在福音医院工作的孙怀典，半夜能听到医院隔壁日军

孙氏后人藏1939年毕业照，后排左二为孙怀典，与后排右一黄雪芳、前排左二李恩惠二人于抗战期间毅然参加军队医务工作；其中，李恩惠于1943年因病于长沙殉职

临时监狱中被拷打的人发出的惨叫，这让她既愤怒又害怕。且白天手术的病人多为受到战争创伤的外科病人，有时病人还要遭到日军闯入逮捕；即便福音医院有英国教会的背景，也无法抵消日军带来的恐惧。此时年轻的孙怀典心里激起了抗争的种子，她在自述中写道："亡国奴的悲凄生活以及许多惨不忍睹的事实，激怒着我民族的仇恨，使我们不能再往下去。"她决定到内地前线，参加抗日。

奋起抗日：前线的日子

1940 年 5 月，拿到中华护士学会会考证书的孙怀典，真正成为一位职业临床护士，这年她决定和几位同届同学，投身抗战前线；现在保留的岭东沪校档案中显示，这次获得证书的同学是 9 人，最初有 5 人想去内地为国家服务，最终孙怀典等三人成行。孙自述中提到，当时大家都没有内地熟人，唯自己有个表妹在中国红十字会救护队做护士，她便暗中写信给表妹，辗转相托，三人在 1941 年 1 月离开了敌占的汕头，终于来到了江西省大庾卫生院做护士。

来到大庾卫生院的工作虽与之前在福音医院相似，从事护理工作、管理器材、化验及助产等，但因为当时赣南地区仍是后方，并非前线，孙怀典与同学对之不满，要求介绍人把他们送到前线去，最终如愿。孙与同学兼好友黄雪芳来到了长沙，加入中国红十字会救护总队第九大队。同年 4 月，二人来到长沙，见到第四中队中队长林竟成，林把孙怀典派到了益阳过鹿坪防务前线的 643

家属藏孙氏中华护士学会会考证书

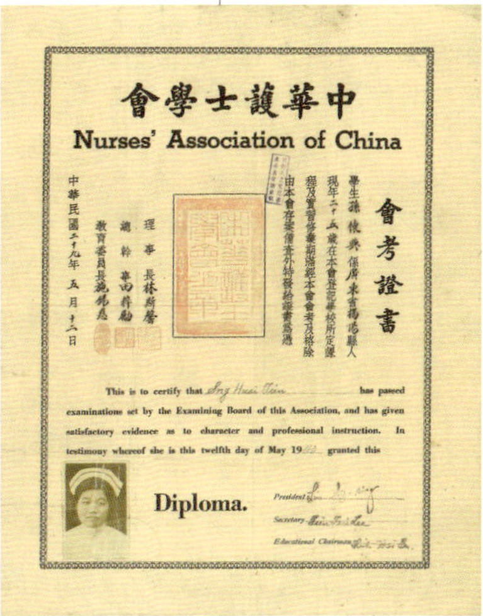
中華護士學會
Nurses' Association of China

會考證書

學生孫懷典係廣東省揭陽縣人現年二十五歲在本會登記學校所定課程及實習修業期滿經本會會考及格除由本會存案備查外特發給證書為憑

理事長林斯馨
總幹事
教育委員長

中華民國二十九年五月十二日

This is to certify that Sng Huai Tien has passed examinations set by the Examining Board of this Association, and has given satisfactory evidence as to character and professional instruction. In testimony whereof she is this twelfth day of May 19 granted this

Diploma.

President
Secretary
Educational Chairman

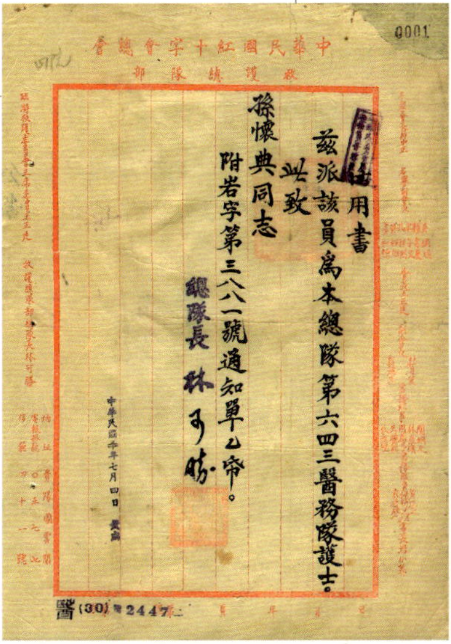
中華民國紅十字會總會
救護總隊部

聘用書

茲派該員為本總隊第六四三醫務隊護士。此致
孫懷典同志
附若字第三八八一號通知單乙帋。

總隊長 林可勝

中華民國三十年七月四日 發出

醫(30)字2447號

民国红十字会聘孙怀典为643医务队护士档案，署名处林可胜（1897—1969）为当时中国红十字会救护总队总队长（虹口区档案馆藏）

林竟成（1907—1987），福建闽侯人，卫生管理学专家，曾任同济大学医学院教授、附属中美医院院长。新中国成立后，历任武汉医学院教授、附属第二医院院长。抗战时，曾任红十字救护总队第九大队大队长，负责第九战区救护事宜

小队做护士。

来到益阳后，孙很快发现小队长赵某工作风气奇差，野战医院情况也很糟，这让她心灰意冷，向小队长请辞，被拒绝后又在次年春向林竟成请辞，林极力挽留，并把孙调回长沙辗转多个小队，已经是1942年春天的事情了。

1941年9月及12月底，就在她驻守益阳时，日本侵略者相继发动了第二和第三次长沙会战，当时年轻的孙怀典，扎扎实实地投入到最前线的抗战救护之中。虽然益阳都不是那两次日军主攻的方向，但战争的实况无疑给她留下深刻的印象。除此之外，她对本小队的小队

家属藏孙手书自传

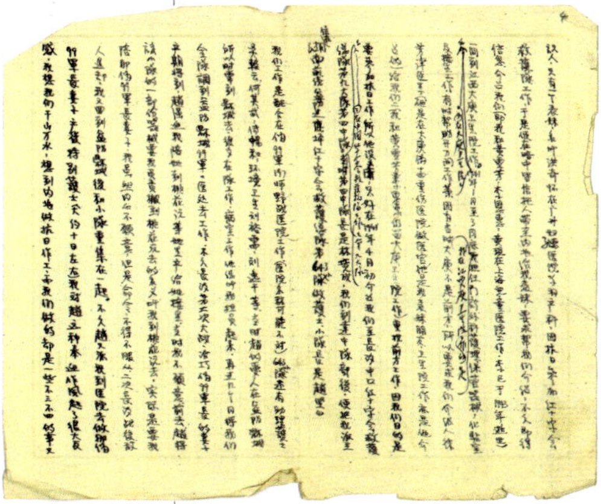

长赵某心生厌恶，在第二次长沙会战紧张的时候，赵派孙怀典陪一位将军夫人去后方桃花仑生产，作产后特别护士，这让孙大为不满。孙自述中记下的那位将军为 99 军军长，可能就是兼任贵州保安处处长的傅仲芳，他所带领的 99 军 3 个师投入第二第三次长沙会战。不过陪官太太的经历让孙怀典心生去意，更兼她在 643 小队目睹的混乱场景、“慢性杀人场”的感受，应该就是接待从前线下来的伤员后所亲身体会的。

第三次长沙会战结束后的 1942 年 2 月，孙怀典请假来到长沙找林竟成得以调回长沙；当年林竟成便升任第九大队大队长，兼任位于湖南东安的国民党政治部战时卫生人员训练所第五分所的主任，之后又把孙怀典从长沙调至东安。1943 年 2 月，刚到东安后的工作是协助筹办病室，如做衣服枕头被单等，很快便接受了伤兵入驻。正是在这动荡的岁月里，孙怀典遇到了自己的一生所爱。

铠甲与软肋：辗转后方

孙怀念的爱人陈烈川（1921.6.17—2001.8.8）与孙同为广东揭阳人，民国时期的知名报人，《国民日报》的编辑，主要报道金融财经类新闻。陈烈川的自传中记载，两人偶然相会在1942年的夏天，调回长沙的孙怀典与他在长沙的一场篮球比赛时相遇，二人异地逢乡音，格外亲切，很快就恋爱了。1943年6月孙怀典调防东安时，二人结婚。因为当时两个年轻人没有什么钱可以在长沙摆酒席，所以选择去桂林旅行结婚，并借此名义在报上登了一个“结婚启事”，结婚启事上的介绍人，一位请的是时任长沙市市长梁霖，另一位是《国民日报》社长杜绍文（潮州澄海人）。同年8月，因为新婚以及便于照顾同行好友李恩惠肺病，孙怀典又要求从东安调回了长沙第九大队，在912区医疗队工作。然是年秋天，李恩惠仍因病于长沙去世。

1944年4月，侵华日军企图打通大陆交通线，豫湘桂会战爆发，国民党军队在此次大会战中惨败，多条战线大溃退。5月末，长沙第四次沦为战场，大会战中的“长衡战役”打响。此次战况尤为惨烈，在著名的“衡阳保卫战”中，守军伤亡惨重，孤军无援，被迫放下武器，至衡阳陷落，长衡会战方才落幕。战时孙怀典随长沙第九医疗大队迁至东安，而她的丈夫则随《国民日报》撤至衡阳，二人开始了长达8个月的内迁逃难之旅。如果说《围城》中主人公一行在战时赴内地“三闾大学”任教的经历，多少带有点喜剧化的滤镜，那么孙怀典夫妇回忆里的内迁经历，无疑要真实残酷得多。孙怀典先是在战火中的东安，诞下一位男婴，但丈夫尚在风雨飘摇的衡阳；衡阳很快告急，陈烈川脱离报社，来到东安陪伴妻儿，他也因此失去了工作和收入，全家只能靠孙怀典一人的收入过活。长衡会战后期，孙怀典所在红十字会第九大队撤至广西柳州西北的一个小镇怀远镇（今属河池）暂居，陈烈川告诉妻子去隔壁的宜山县，找份工作补贴家用，如果医疗队要撤离怀远的话，他再随大家一起撤。陈烈川在宜山县文教科做助理文员。此后孙怀典再随医疗大队撤退迁徙，从河池怀远转移至贵州独山。1944年11月柳州告急，宜山宣传队解散，陈烈川才沿桂黔铁路撤出，步行北上贵州独山，与妻儿汇合。

在独山仅住了半月，日军炮火便逼近这里。这座贵州的小城后来见证了中国抗战史中一场传奇战役：独山战役，这里最终成为了日军侵华的终点站，此后日军再未侵占过我一寸山河。但独山战役开始前及战场之中，伤亡最大且最为惨烈的还是沿途奔逃的难民，孙怀典夫妇就是这漫漫西北行旅中的一分子，步行两周至贵阳，时间已经到了1944年底，其中艰辛无可名状；孙自述中说，“忆及西南山区逃难的凄惨情况，惊恐万分。”抵达贵阳，孙怀典至图云关红十字总部报告，并住在那里的集体宿舍，丈夫只能来到贵阳的西南文化人招待所。此时恰巧“西南文化人救济车”北上重庆，陈烈川说服家人，挤上救济车来到重庆的日子，正好是1945年的元旦。陈烈川自述之中，也提到桂黔逃亡生活痛苦之状；其中提到二人1944年离开长沙时一家人尚有行李12件，因沿途损耗丢弃，到达重庆时只剩下一床破棉絮，其狼狈可见一斑。

一家人抵达重庆的一开始，都住在重庆的西南文化人招待所，因为邻居们都是编辑、记者、教师，陈烈川也通过他们找工作解决生活问题。这其中提到一个有趣而无奈的故事。衡阳保卫战总指挥第10军军长方先觉，因为城破投降，后脱身回到重庆，背负骂名。听说国民政府军委会给了他一大笔钞票，住在招待所里的西南地区新闻记者们都想趁机敲他一笔竹杠。陈烈川便同一些记者们来到重庆第10军办事处找到了方先觉，你一言我一语要求方救济，方估计是受不住磨，给去的人每人1万块救济金。用陈烈川的话“就这样东领救济金，西敲竹杠之下，我一家不独度过了将近一个月的生活，而且还有余钱购买一些必需的日用品”，可见当日重庆生活的无序。

从1945年2月起，孙怀典夫妇俩都找到了新的工作，陈烈川供职《新蜀报》，孙怀典则任职于上海医学院附属中央医院，担任护士工作。中央医院是国民政府成立后在南京所创综合性医院，抗战初期随国民政府内迁，先长沙、再贵阳而重庆，坐落于歌乐山之上，院长是知名外科学泰斗沈克非教授。而国立上海医学院抗战内迁后，1941年自昆明转迁重庆歌乐山，与中央医院成了邻居；两年后的1943年，卫生署将中央医院划归上医管理，次年初正式改名国立上海医学院附属中央医院，成为重庆当时最先进的医院之一。1945年春，孙怀典并没

新中国成立初孙怀典工作证明，1946 年起孙怀典陆续在“北四川路区”卫生事务所、区防疫站等处工作（虹口区档案馆藏）

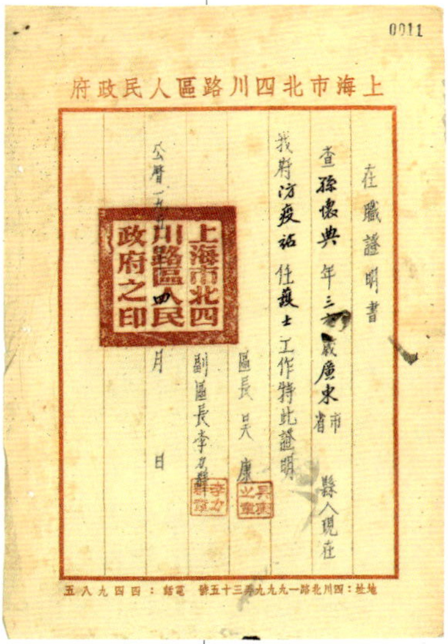
0011

上海市北四川路區人民政府

在職證明書

查孫懷典 年三[illegible]歲廣東省 市 縣人現在

我府防疫站 任護士工作特此證明

區長 吳康

副區長 李[illegible]

公曆一九五[illegible] 月 日

上海市北四川路區人民政府之印

地址：四川北路一九九九弄三十五號 電話：四四九八五

有在那里工作太久，因为新生的幼子病重，被迫去职照顾孩子，并还短暂在朱学范主办的中国劳动协会重庆分会临时劳工时疫医院做过护士。不过此时已经迫近抗日战争胜利的曙光了。是年 8 月 15 日，日本无条件投降。丈夫陈烈川通过复杂的关系，终于成为复员人员，辗转从南京来到上海，此后再也不曾离开。

新中国成立后不久，“北四川路区”卫生事务所及区防疫站等医疗机构相继撤销合并，孙怀典加入上海市公费医院第二门诊部，任护士长。1968 年第二门诊部整体并入第四人民医院，孙怀典调入了职业生涯最后一站——第四人民医院口腔科门诊。1979 年，孙怀典光荣退休，从此安度晚年。

结语：大历史中的普通人

大历史的车轮是无情的，遭其碾压过的条条痕迹，构筑出整个人类共同的痛苦记忆。同时大历史对于后人又是迷人的，通过它的视角，一段段经历成为了传奇，普通的人们变成了英雄，混乱、暴戾与血腥成了浪漫、胜利与狂欢。逐渐地经过岁月之后，后人只会记得浪漫的大历史，而忘记了具体的历史，忘记了其中挣扎过的普通人，就像本文的主人公，那位普通的白衣天使，一位活泼真挚的妻子，温和勇敢的母亲，以及那段独特的经历，这些都是在翻检她的档案及其夫妇自述之前，读者无法想象的。档案馆里留下的不只是真实珍贵的文献，还有属于整个时代的记忆，这些有形与无形的档案文献，可以让后人在面对大历史时保持更多冷静与睿智，我们只是大历史中的普通人。

虹镇老街

陆其国

一

提起虹镇老街，往往会令人下意识地联想到一个词：棚户区。不夸张地说，虹镇老街堪称上海中心城区最大的棚户区。这里危棚简屋密集，生活环境脏乱，安全隐患突出，居民对旧区改造的呼声十分强烈。确实，一座城市，尤其是像上海这样越来越迈向现代化的国际大都市，棚户区的存在，怎么看怎么都像是一部完美的交响曲中突然冒出的不和谐音。尽管笔者从小到大的生活环境，与虹镇老街并没有什么交集，但由于一次偶然的走进，还是让我对它留下了深刻印象。

那是 20 世纪 80 年代初，我上电大期间。当时我就读的电大分校在虹口，有同学就家住虹镇老街。现在已不记得当时是为了什么事，反正有一天我就去了这位家住虹镇老街的同学家，于是走进了这片棚户区。事隔多年，至今我仍清晰地记得，进入虹镇老街，我在里面走了一程，要找的门牌号没有找到，却已经辨不清东西南北了。结果还是问了路人，这才终于找到了这位同学家。进屋后，我对同学说找你家还真不容易。同学嘿嘿一笑，说外面来找我家的人都这么说。看来这位同学对此早已习以为常。后来我们聊着聊着，话题就扯到了虹镇老街。不过话题最初却是从棚户区切入的。要谈虹镇老街，绕不开棚户区。而要谈及棚户区，又不得不追溯到近代上海的发展和变迁。

我写这篇小文的时候，恰逢上海开埠170周年。说起棚户区在上海的次第出现，还就与170年前上海开埠有关。上海开埠后，一方面随着外国资本输入和工业的发展，另一方面由于受国内战乱影响，使大批贫困农民离乡背井，来到上海谋生。他们因无力租赁住房，遂在荒地、路旁、河畔等空地上搭起形形色色的窝棚栖身。它们多系由毛竹、树棍、稻草和泥土等为材料建成的简屋，居住条件极差，没有供电、上下水等基础设施，到处是垃圾、粪便，长年臭气冲天，一到黄梅天，更是苦不堪言。这些窝棚最初出现在黄浦江畔及吴淞江（今苏州河）两岸，以后随着工厂陆续建立，铁路出现，他们便向工厂周围空隙地及铁路两旁蔓延，最后棚户区便逐渐遍布市中心区周边的所有地段。虹镇老街应该也是在类似背景下逐步形成的。另外，绵延不断的战乱也是棚户蔓延的催化剂。咸丰十年（1860年），太平军逼近上海四郊，地主、富商纷纷逃进上海租界，租界人口激增，投机商乘机大批建造简屋，高价出租。"一·二八"事变和"八一三"事变后，日军在上海狂轰滥炸，闸北、虹口、南市区大量民房被毁，大批难民涌入苏州河北岸一带，这也是造成更多的棚户区出现的一个重要原因。当然，有些棚户区的形成，尚还有其特定的原因，即以虹镇老街来说，它的形成和周边工厂的次第出现，大批来自苏浙一带或其他省份的工人被招募进厂有关。他们中许多人就居住在棚户区。从资料上得知，虹镇老街在地理上东从新港路起，向西延伸到虹镇北街和飞虹路交界处，全长约500米。地域在虹口区新港街道境内，两侧由南涵盖到天宝路，北与飞虹路比肩。虹镇老街地境，唐宋时期属于松江府，以后多次变迁。元朝以前属于虬江水域，根据《水经注》记载：虬江水域有70里宽，以后逐步淤塞形成了沙洲。明朝初期水域首先形成了泄洪口，洪口即虹口。虹口在虹口港一带即现在的汉阳路桥。现今的虹口区由新中国成立后川北、提篮、榆林、新市、宝山区部分合并形成。虹镇老街由古时的虹浪形成虹安镇，据资料记载，清朝嘉庆年虹安镇开始衰弱。古人有踏浪赶潮的习惯，以后逐渐形成集市。清初，虹安镇区域影响的范围至现在的杨浦区凤城街道一带，是乡民赶集，交易集中的地方。虹口港的形成发展以及上海开埠后，现在的公平路汇山码头形成新航海距离，拉开了内江小河的视野。所以，虹安镇开始衰落。

20世纪初，上海《申报》曾有关于闸北虹镇的记载，20年代北面称虹镇、虹镇北街，一直延续到现在。虹镇、虹镇北街，现在属于虹口区嘉兴街道。往南称虹镇老街属新港街道管辖。根据有关文字档案和户籍记载，20世纪30年代虹镇老街周边有农田、村庄、店铺，并实行保甲制管理，还有小型缫丝场、乳牛场、三宝堂等。

1949年之前，当时的上海市政当局为控制棚户区蔓延，曾以有碍市容观瞻为由对棚户实施取缔，不料却遭到棚户居民的激烈抵制。20世纪20年代末至20世纪40年代末的上海市政府还曾动用各种力量，推行贫民住宅安置工程，内容包括建造“平民住所”“平民村”，组织“义卖房屋”等，但这些清理与安置措施，既不能阻挡源源而来的流民潮，也不能阻挡流民搭建棚屋的需求和意志。1945—1950 年，大量失地农民从江苏等地进入虹镇老街地区，依沟壕、小河和荒地，搭建棚户栖息谋生。由于棚户区所带来的问题众多，拆除它们也曾被当时的市政当局列入“要务”。只是他们对此采取的某些“措施”，听来着实令人咋舌：如民国 14 年（1925 年），公共租界当局因取缔棚户不成，竟纵火焚毁平凉路一带的草棚千余间。民国 25 年（1936 年）3 月 7 日，市政当局勒令逼迁长安路、裕通路、通济路一带棚户不成，竟下令将这一带棚户焚毁……

虹镇老街是在 1958 年“大跃进”时期开始整治垃圾、填河筑路的。1958—1959 年，新港路和虹镇老街路面建成。随着人口的增加以及多年的经济停滞，虹镇老街两侧大量违章建筑相继涌现，一度成为棚户区的代名词。

同学告诉我，1953 年秋，飞虹路曾有一户居民因使用土灶不当引发火灾，大火烧毁周边棚户一千余间。当时的提篮桥政府发动社会各界进行捐款、捐物，帮助灾民重建家园。在虹镇老街、沙虹路、安丘路（瑞虹路）、虹关路一带建起了一层的平房，起名为爱国新村。由于人口的增长以及房屋的破损，20 世纪 60 年代后期，居民自行搭搭建建，一层平房被改建成多层不规则的居民区比比皆是。

二

说到不规则居民区，我不由就想到了在虹镇老街领略到的“一线天”。这“一线天”的出现，堪称不规则民居的典型写照。据我同学介绍，由于这里地面面积的局促狭窄，人们无法违章搭建，于是就向空中“借道”——扩建居住空间。这样一来，本来两个隔着小街相望的人家，似乎约好似的，极默契地就开始在自己的简屋楼上，各自朝外面的空间搭建屋外屋、楼外楼，直至原先隔街相望的两家人家近得不能再近，才终于戛然收住。外面的人站在这些“横空出世”的屋楼下面抬头望，迎面所见便是“一线天”。本已拥挤、脏乱的虹镇老街，这一来就更加不堪了。

从同学家的窗户望出去，望着不远处的“一线天”，不知怎的，我脑际突然就跳出了“水深火热”“暗无天日”这样的形容词。我犹豫了一下，结果还是把自己的感受告诉了同学。同学知我，他非但不以为忤，还痛快地对我说，说“水深火热”毫不夸张，因为这里逢下雨天就积水，炎热酷暑和寒冷袭人也没有空调。说“暗无天日”也对得上号——这里的不规则房屋高密度矗立，影响人们的采光、通风；卫生条件也极差，拎马桶就是这里居民生活的一大特征。

1949 年新中国成立后，清除和改造棚户区，同样是城市治理的燃眉之急。任务之艰巨也是前所未有。据统计，截至 1949 年 5 月，上海的棚户区占地面积约有 1109 万平方米，棚户简屋 197500 间，建筑面积 322.8 万平方米，共居住着 115 万人。这些统计数字还不包括大量见缝插针的“旱船”“草棚”“水上阁楼”等。据知 1949 年 5 月，全市 200 户以上的棚户区有 322 处。自然而然，解决广大贫苦大众的住房问题便成为重要任务。

话题回到虹镇老街，希望政府尽快改造这里的生活环境，也成为这里老百姓的强烈呼声。事实上新中国成立后，虹镇街道先已将这里的“滚地龙”改建成泥墙草屋；进入60年代后，又将泥墙草屋改建成砖木瓦房；到了70年代，更是翻建成多层钢筋水泥楼房。此后，由于有能力在外买房结婚的少，所以一旦将新娘娶进来后，解决“新房”大多只能靠搭违章建筑，这里的“一线天”可以说就是这样形成的。另外随着知青大返城，原先从虹镇老街走出去的知青也开始“叶落归根”，使得原本就拥挤的住房更加不堪居住，一时间又形成违章搭建的一个小高潮！从此更显这里危棚简屋密集，生活环境脏乱，安全隐患突出。居民对旧区改造的呼声越来越强烈。事实上在改革开放的大背景下，政府确实已陆续在解决虹镇老街居民的居住环境和生活条件。尤其是20世纪90年代后期，随着改革开放的深入和房地产业的发展，虹镇老街不少简屋破房正在被逐渐拆除。

然而说来也奇，如不是亲眼所见，还真不敢相信。那就是外观上给人“相貌不佳”印象的虹镇老街，一旦当你走进有些人家，会惊讶地感觉这里竟然“别有洞天”！而且这样的人家还真不少。就以我这位同学家来说，当时他结婚不久，他把我引入的就是他的新房。新房有里外两间，外间是客厅兼书房，约有20平方米。摆放有书桌、书橱，沙发，还有一人多高的花架，花架上布置着各种好看的花卉盆景；吊兰的绿叶像美女的长发，呈流线形直垂向地面。里间卧室也有十五六平方米，尽管放有五件套家具，并不显局促；外加一个违章挑出去的小阳台，置身这里，确实想象不到外面的环境会那么糟糕。里外真是天壤之别！

不意我这一说，同学当即告诉我，他们这里很多人家都是这样。他还说，我家不算什么，有些人家外面看上去又破又旧，里面装修得简直像宾馆呢！

同学的话可能有些夸张，不过我也听说，虹镇老街后来在一次次动迁时，确实有不少人最初是铁了心不想搬迁的，原因就是不舍得放弃"外面看上去又破又旧，里面装修得简直像宾馆"的自家住房。我曾不无担心地问同学，对自家房子这样大动干戈，会不会有安全隐患。同学笑道，问我们这话的人多了去了，不过你想呵，这房子是自家住的，不弄得结实牢靠，谁敢住人。

这话倒说得也是。据这次在为虹镇老街动迁居民做口述档案的虹口区档案局朋友告诉我，他们在做这项工作时走进一些虹镇老街居民家，尽管即将面临搬迁，但那些自家装修后住了几十年的家，厨房和卫生间里铺的地砖和瓷砖依然像新的一样。他们对自家的爱护和用心由此可见。也难怪不少在这里住了半个多世纪的老人最后离开这块"老土地"时，忍不住老泪纵横。

三

毫无疑问，在上海，棚户区的改造是必须的，包括虹镇老街。1992 年 3 月，上海市人大常委会举行会议，听取和审议市政府《关于棚户简屋改造规划和实施情况的报告》。报告中指出：截至 1990 年底，全市共有棚户简屋 365 万平方米，分散在 3300 余处。这个数字大于新中国成立初期关于棚户简屋的统计数据，不知是由于文革期间经济和城市建设停滞带来了更多的棚户简屋的生成，还是这时认定棚户简屋的评估标准有了变化。其次，这365万平方米的棚户简屋就成为上海第一轮旧改的目标，也成为到1995年应完成的任务。

可是到1995年底，这项任务还剩下约180万平方米未改造。其后，政府明确要在2000年以前通过房地产开发和市政建设的办法改造完毕，在"十五"规划的旧改目标400万中应包含这些"啃剩下的骨头"。

但随着时间的流逝，旧改目标依然未能完成。因而在市政府批准公布的《上海市住房建设规划（2006—2010年）》中，旧区与旧住房改造的主要目标还是：中心城区完成成片二级旧里以下房屋改造400万平方米。

可是谁都知道在"日新月异"的大改造中，拆除房屋的数量远不止此。据相关统计资料，"九五"时期拆除各类旧住房1200万平方米，"十五"时期拆除二级旧里以下住房700万平方米。这就是说，有些棚户简屋由于区位条件等因素，既没有开发商看上，又未能成为市政建设动迁的对象，于是便继续生存了下来。据知1号、7号地块旧改征收顺利达标，说明持续多年的虹镇老街大规模旧区改造取得标志性成果，也意味着上海中心城区最大的棚户区即将从上海版图上彻底消失。而且回想起来，虹镇老街差不多也已经历了10多年的动迁路。多年来，虹镇老街动迁一贯采用按户内人数和居住面积相结合的方式，并不太奏效。2009年5月，3号地块试点新动迁操作方案，重点探索"事前征询制"和"数砖头加套型保底"。2009年12月25日，3号地块第一轮征询启动，95.98%居民同意实施旧区改造。2010年1月4日至4月15日第二轮征询，超过77.3%居民同意房屋拆迁补偿方案。2013 年 10 月 8 日老街 1 号、7 号地块完成第二轮征询……

诚然，棚户最终必将成为发展中的上海的一段历史，一个遗迹。所以有人将它与“历史风貌”相提并论。但棚户区并不同等于旧区，旧区改造中简单的、完全推倒重来的更新方式，对历史环境造成直接破坏。鉴于此，2002 年 7 月上海市人大通过了《上海市历史文化风貌区和优秀历史建筑保护条例》。2004 年 9 月上海市政府发布《关于进一步加强本市历史文化风貌区和优秀历史建筑保护的通知》指出：各级政府一定要高度重视对历史文化风貌区和优秀历史建筑的保护，按照“全面规划、整体保护、积极利用、依法严管”的原则，实行最严格、最科学的保护制度。相关主管部门公布的保护建筑总量为 1218 万平方米，其中里弄建筑 952 万平方米。而在中心城区划定的 12 片总占地面积近 27 平方公里的历史文化风貌区中也有大量旧居住建筑需要保护和保留。因此，在“十一五”期间的旧改中，必须明确保护与拆除的不同对象。既不应让必须改造的棚户简屋再次“流失”，更不能让保护建筑或有一定价值的旧建筑成为牺牲品。这里需要弄明白的是，棚户简屋并没有什么文化价值，不值得保留，至多像当年蕃瓜弄棚户区改建那样，保留几间草棚简屋“滚地龙”，供人参观、以史育人即可。需要注意的倒是，如果外观看上去像棚户，其实是由不当使用导致风貌混乱的有价值的建筑则要小心对待。让人欣喜的是，虹镇老街的动迁改造在这方面正循着有序的方向在发展。相信用不了多久，当我们再次来到这里，一定会有新的惊喜和体验！

精武风云已成烟？

王启元

传统武术的话题永远有其魅力，即便是在其被百般质疑的今天。同时，圈内外任何想要厘清传统武术基本史实的努力，也都会被乌烟瘴气的“武术”言论或作秀搞得一团糟，最终消弭在歌舞升平的武术乱世中。从一个侧面，倒也反映出武术的受欢迎程度：即便再多以次充好的大师、拳法弥漫武坛，依然能让人趋之若鹜。然而本文的访谈，却并不愿继续煽风点火，至多只是一种口述文献的保存，是无法做到振聋发聩的，更不会奢望任何执事的侧目与垂青。在传统武术以全新形态、重新成为大众健身宠儿之前，武术人能做的，除了这种保存文献，以及日常操练外，就剩下不给“武林”添乱了。

本文的讲述者，是前精武体育会的秘书长张公文藻。张公理论是位文人士大夫，如果让他讲些书法篆刻，或许更符合他儒雅的气场。但人生的风云际遇，让他在20世纪末，仕途颇为顺利之时，追随老领导、时任精武体育会会长的卢丽娟，担任精武会的秘书长，总持会务，是当代精武会转型的重要人物之一，接触过当日精武体育会内外众多高手宾朋。作为一位无门派之间的局外人，他讲述中的局中人物，或许也更有其公允之处。

武术与革命

作为与少林寺齐名的中国传统武术 IP，精武体育会，或者更为著名的“精武门”，在精武鸭脖还没有大红大紫的时候，只代表了一层含义，那就是：热血、青年、汗水，或者李小龙、陈真，以及“东亚病夫”那块踢碎的匾。从 20 世纪 70 年代的李小龙，到 80 年代的港片，再到之后的李连杰，把精武门一次一次搬上荧幕，为“精武”的英雄们圈粉无数。然而，真实的“精武门”是什么，观众已无暇探究。其实当剥去影视的光鲜，会发现精武的真实历史，依然有其大书可书的地方。让我们拨开尘封的旧史，重新一探精武与那个动荡的时代。

宣统二年（1910 年），革命党背景的一干人物，在上海成立了“精武体操会”。它的第一任会长叫农劲荪，早年是留日的学生，后加入同盟会；又奉孙中山之命回的国，在天津开设“淮庆药栈”，以经商为名，结识武林英豪。他身后还有位大哥，是南方革命党元老、日后的沪军都督陈其美。

之前的 1909 年冬，因为有位西洋大力士“奥皮音”，叫嚣要与华人较量，称华人为“东亚病夫”，上海的热血人士就设法与其应战。不过这位“奥皮音”是哪国人，似乎已经不可知了。当日的陈其美，请农劲荪从北方带一位高手南下，农就请来了天津的拳师霍元甲。霍公是大家最为熟悉的，但霍公曾在农劲荪的药店里扛过包，大概后来都讳言了。霍的好功夫是确凿无疑的，曾一条扁担不下肩打跑17个人，这样的传说也应该是靠得住的。还有一次，在上海大世界，霍元甲去拉一个试力器，结果把器材直接拉坏了，可见其内力的强大。据说“奥皮音”就因为知道了这事才避战的，那就未必是实情了。

西洋力士“奥皮音”约架的地方，在当时的北四川路阿波罗影戏院，今中国银行虹口大楼，然而他1909年冬、1910年夏两次爽约而未成行。

不过，西洋大力士的“怯战”，不仅让霍元甲名声

今位于四川路海宁路口的“中国银行虹口大楼”

大振，而且为 1910 年 6 月份“精武体操会”的成立，大大地造了一把势。当年夏天建成的体操会的总教习，自然是霍元甲。但彼“体操”不是此“体操”，晚晴民国的“体操”指的是兵操，用来练兵的，服务于军事的；此时成立的“精武体操会”，有浓重的革命色彩。也就是这一年多时间，陈其美就带队在上海发动起义，任沪军都督；体操会显然是有训练预备役的作用。

这跟同样受孙中山影响的同盟会“燕支部”即日后的中华武士会，性质相似，一开始都是为了排满革命，推广格斗术、训练预备役用的。中华武士会在天津，曾聚集近代武坛第一流的高手，最终在整个近代史进程中留下了自己的身影。（可参拙作《武林旧梦：民国年间为何武学兴盛》）“精武体操会”的成立还稍早于燕支部、武士会，一开始请的教头也是名满天下的高手，可最终走向了另一条道路。

霍元甲来沪担任总教习仅半年就中毒而亡。他的死，在影视作品的影响下，被大家定型为打斗时候中了毒，最终倒在比赛场上。尽管这一设定很有戏剧冲突感，但确实不符合历史原貌。霍氏是在与邻近日本武馆的比武中，误伤了对方的掌门，遭人怀恨。霍常年有肺病，应该和练武有关。在一次用药时病情加重，暴病而亡，最终来上海执掌武馆，不过半年余的时间。死后他的弟子刘振声亦即“陈真”的原型，曾将余下的药引埋于武馆一树下，以待日后证其有毒。80 年代精武会曾经去找过，一无所获。首席教习的暴卒，导致了精武门从初创时，就不得不面对转型这个难题。

“新文化”下的新体育

1910 年夏天“精武体操会”初创，彼时的馆舍是托陈其美搞定的，地点在王家宅，即今王家宅路附近。霍元甲病陨后，武馆萧条，到了 1911 年 3 月，挪到不远处旱桥附近，两处大约都在今火车北站周边。

此后几年里，精武会的第一批学员逐渐站上舞台，到了 1916 年 4 月，精武会迁入位于倍开尔路（今杨浦区惠民路）73 号，大约是今市东中学校址附近。而且，因“体操”之名不再合适，所以改成了“精武体育会”。从辛亥革命胜利的 1911 年，到精武会大佬陈其美被刺的 1916 年间，精武会发生了什么，现今的史料不得而知，但可以肯定的是，它在晚清所承担的练兵功能，已经没有存在的必要了；精武会不能再依托革命、会党生存。所以，掌门人不得不新辟基址，且把“体操”这个军事化太过强烈的字眼去掉，换成一个新兴名词“体育”来。

我国近代最著名的杂志之一《新青年》，在 1916 年第 1 期连发两篇关于精武会的文章，一篇《大力士霍元甲传》，一篇《述精武体育会事》，署名都是萧汝霖，萧氏事迹不清楚，可能也是位谙熟会事的精武弟子。在《新青年》上刊登介绍精武会的文章，无疑是新文化界对精武会的认可，同时，精武精神中的强国、强民、强身等口号，是有别于传统江湖武夫习气的，而与当日开明现金的新文化精神同出一旨。这也为接下来百余年的精武会历史，定下了基调。上海的精武会，始终与北方的武士会、国术馆等机构，保持天然的区别。精武会不是

陈公哲像

一个单纯的武馆，而是一个近现代体育及文化的综合社团，在社会服务方面，展示出独到的一面，开了社会风气之先。

这一转型，是在精武会第一代弟子陈公哲手里完成的。陈是广东中山人，孙中山的同乡，这位精武掌门，早年就读于复旦公学。

他与同为老乡的卢炜昌及吴县人姚蝉伯一起，把精武会推向第二次高潮。倍开尔路的会址是陈公哲把自己的别墅捐出来的，边上的精武公园是他募捐赠款建的。

陈公哲在精武十周年 1919 年的初夏，请革命先驱孙中山为精武题写了“尚武精神”的匾额，撰写了《精武本纪》一书的序言。也就是在同年，精武会在横浜桥福德里成立精武第一分会，5 年后精武会全体迁入这里，这里也就是今精武总会所在地。

抗战时期精武总会基址被日军强占，武馆曾短暂迁入租界里的慈淑大楼，那是一幢以哈同（Silas Aaron Hardoon）遗孀罗迦陵别号命名的大厦，直到汪伪政府垮台，才搬回横浜桥。

在日占时期，精武先前的档案文书以及拍摄的精武电影纪录片拷贝等珍贵文物，都不知了去向。

抗战前的精武会武术，提倡兼容并包，摈弃门户之

今位于东宝兴路上的上海精武体育总会，为 1924 年所迁入的原址

见，这虽然不甚稀奇，但无论当日还是今天，练武者真正做到这一点却少之又少，历史上也只有中央国术馆、精武体育会寥寥几家，能坚持此道。而且精武的武术类目，并不迷信祖师霍元甲所秉的“迷踪拳”，教学的拳种是多为武术界公认名拳太极、形意、八卦等门，反倒是“迷踪拳”现今已不容易看到。

当然，精武会作为一家综合社团，武术外的业务多到让现今的观众无法想象。除了现代西方体育中的足篮排三大球、田径、赛马等项目展开外，还有很多现今“体育”一词无法包含的内容。比如精武第二代的领导人中，陈公哲、卢炜昌都是广东人，而四川路横浜桥附近是民国广东籍人士的聚集地，精武会的“粤剧团”，就是其一大招牌。精武还有一个著名“旅行团”，带领大家游览全国，展示精武演出。其余的医学、辩论甚至是摄影等精武招牌项目，也不显得不合拍了。顺便说一句，陈公哲掌门就是一位卓越的摄影师，拍了不少拳谱用图，还出版过《测光捷径》一书。

陈公哲与卢炜昌这对广东老乡，是几十年亲密无间的兄弟与战友。陈公哲散财办会后破产，曾经投靠国民政府做过公职，在这前后，兄弟二人反目。卢炜昌南下，曾卷入陈济棠、李宗仁发动的两广事变，受到牵连。抗战后被国民政府以“日特嫌疑”名义下狱，1943 年死于桂林狱中。

精武真英雄

近年，在原来曲阳公园基础上新改的精武公园中，新立了 19 座铜像，纪念精武会历史上的 19 位重要人物。除当家霍元甲、大老板陈其美，之后的精武三杰等名流之外，还有几位立像与未立像的大人物，是值得今天精武会爱好者，所需要知道的。

首先是陈汉强、郑吉长师徒。

郑吉长曾任精武会拳击总教练，是中国近代拳击运动的奠基人之一，位列 19 座立像者之一。但他那位更为卓越的老师却未在列，则殊为可惜。郑的老师叫陈汉强，生于广东，是近代中国拳击运动的开拓者。

陈汉强自幼赴澳大利亚接触到拳击运动。通过不懈努力，至 1919 年击败当时的一位名将杰克（Gieke），获得全澳羽量级（57 公斤级）冠军，成为拳坛著名拳击手。作为一位华人得到如此荣誉，即便放在现今也是罕见的。20 世纪 20 年代末他回到祖国，投奔精武，并传授拳技。据说刚进租界，遇到一个白俄警察盘查，一怒之下就把对方打到，也算是亮了个相。陈汉强在精武会带的最得意的弟子，就是郑吉长。

郑绰号“亚洲毒蛇”，也是广东中山人，华侨子弟。从小随家迁居上海，迫于生计，他初中毕业后即进一家洋行当打字员。少年时代的郑吉常就身体素质出众，兴趣广泛。据说他虽然个子小，却是精武篮、排球不可缺少的主力，还曾代表精武拿过划船比赛的冠军。1928 年底，拳王陈汉强回国，在精武创办了第一个拳击班。郑吉常立即被陈先生看中，从此，他在陈先生的悉心指导下，专心练习拳击。学拳仅一年，就击倒英国皇家的轻量级冠军阿尔·费艾，两年后击败全英轻量级冠军、职业拳师琼斯，名噪一时。郑的一生献给拳击事业，40 年代起担任精武的拳击总教练，新中国成立后也一直是精武会的教练成员。2001 年逝于上海华山医院。而他的那位老师陈汉强，早在 1957 年政治气氛笼罩之下，离开上海去香港同亲人团聚。1959 年在香港病逝，身后也渐渐被人所忘却。陈汉强另一位精武高弟是曾任体院教授的周士彬。周先生不仅是位拳击、摔跤、柔道的高手，被称为“南拳王”，而且是位体育跨界的高手，举重、双杠甚至全能项，都拿过金牌。

其次是担任过精武会长的著名历史人物。

精武体育会史料中，1918 年的正、副会长分别是沪上名流聂云台与穆藕初，理事长是陈公哲，鉴于前后十余年间的理事长都是陈公哲，聂云台与穆藕初二位名流，可以看作精武当日的护法与施主身份出现的。聂云台是曾国藩的外孙，母亲是曾国藩的小女儿曾纪芬，少年时代就随父住上海，后赴美国留学。

1917 年时与黄炎培等人在上海发起成立中华职业教育社，1920 年当选上海总商会会长。担任精武会长之时，正是聂云台从事职业教育事业的起点，相似的还有副手穆藕初。穆也是上海工商界元老，与聂一起参与发起成立中华职业教育社，任中华职业学校校董会主席。聂为总商会会长，穆藕初是会董之一。

1919 年精武十周年之际，精武经历了孙中山题词、搬迁会址等大事，此事任会长的也是当日第一流的人物，曾任广东省省长、新军司令的朱庆澜。

此前的护法运动失败，朱庆澜因响应孙中山遭段祺瑞罢免，1919 年左右朱与孙相继避居上海。在孙为精武门题匾的同时，他的马前卒朱司令，做起了精武会的会

孙中山题“尚武精神”匾

长，这也略显示了精武会血液中残留的革命基因，在民国时期依然不灭。

与他的前任聂云台一样，朱庆澜晚年笃信佛教，皈依当日高僧印光大师，专修净土法门。

1945 年光复上海之后，精武会的会长由上海工商巨头王晓籁担任。

王是聂、穆的平辈人，抗战后一跃成为工商界的第一红人，国民政府国大代表。鉴于他在抗战中输财爱国、抗击外敌的举动，也是现今值得精武会标榜的好会长了。但是从 20 世纪 30 年代起一直到抗战开始，担任精武会会长的那位褚民谊，就不那么光辉了。作为武术界数一数二的大汉奸，虽然太极球成就不低，但也是辱没了精武的名声。

结语：传统武术是不是过时了？

徐、雷约架，以及其后发酵的传统武术无用论，一时间让武术界炸开了锅，一边是几大派的颜面扫地，一边是呼吁开放格斗训练与比赛，更有甚者宣扬“传统武术不堪一击”论等，让平静许久的武术人荷尔蒙躁动起来。当然，有人关注依然是最底线的好事，但其间武术同仁博取眼球的方式，有些确实不甚高明，就不一一列举了。即便辉煌如精武会这样的武馆，也早就脱离传统收徒制的山门武馆，转为近现代体育社团，那现今那些斯守门派之争的某某拳、某某派，实在连百余年前的境界都不如了。所以之前讨论的武术界“兼容并包”，是个极容易说出口，但极不容易做到的内容。

至于传统武术究竟能不能打的问题，其实举精武会的一个例子就能体会到。一位精武会元老回忆过，20世纪80年代见到晚年的拳王郑吉常，问他和传统武术的交过手吗？郑说有一次，是和精武著名拳师郝鸿昌争了起来，郑就问郝，你准备怎么打呢？郝说，我和你打五个回合。郑说当时一听就知道他外行，五个回合什么概念啊？他怎么能坚持下来啊。郑立刻答应了，拿好拳套，结果也可想而知。还有一次在精武开会，老先生当时已60多岁了，为了训练场地与八卦的名教练王壮飞争起来，王认为拳击没用的，何必给拳击训练场地。当时郑吉常就说：既然王老师认为拳击没什么用，那么我们就现在打一场怎么样呢？”王当即面红耳赤连说对不起，一点脾气也没有了。郝鸿昌是八极拳练家，中央国术馆的高弟，他的老师与师兄辈很多都是上过抗战战场拼过大刀的，王壮飞也是在南方八卦掌的名家。为什么他们与拳王没法比试，其实道理没那么难理解，技击格斗训练对身体机能的要求，远高于套路武术项目，拳击尤其如此。传统武术在古典时代，是“舞对合彀”、打练结合的，现今

“打”的环节已经弱化得几乎不存在，只有练法、套子功夫，那“雷雷”们打不过拳击、MMA（综合格斗），是天经地义的事情；因为换在过去，他也打不过自己的真同行。

李连杰在早年的一个采访说练武终极目的是杀人，这是懂武术历史的。这个“杀人”导向什么时候被弱化，其实就是西洋体育精神传入中国，大约就是精武改名“体育会”的那个时代。体育精神是什么，是永不言败，是公平竞争，他与“杀人”的传统武学精神最大的区别就是：体育化的“武术”，能且只能用公平的手段，不服输还可以一直比下去。而冷兵器时代的武术，不会允许这样的“盛况”存在；胜者为王，败者其实连寇也做不成，只能做鬼。关公斩颜良、诛文丑，其实袁绍是不服气的，因为二将功夫不差，是因为赤兔马快，才防不胜防；设想如果让文丑缓过神来再跟关公一战，那胜负还真没一定，关公哪有时间千里走单骑！但人们早就进化到了不需要你死我亡来解决问题的时候了，除了特殊领域外，武术训练更多的是为表演与健身，已没有疑义。最后剩下的，是传统武术现今跟搏击类竞技“能不能一打”“打不打得赢”的问题。有时候这也不是问题，无论拳击还是MMA的挑战者，应对的太极拳师或者其他门派的高手，只要不怕输，终有打到赢的那一天——因为那是竞技体育。巴萨皇马打了100年，谁赢谁输最多也就换个教练，都没到输了就“退出江湖”的地步。武术竞技化、比赛化，就接受竞技体育的规则，不要再搬出武侠小说里的台词吓唬人。

精武体育会北四川路福德里新会址落成典礼

广肇公学与粤东中学

陈祖恩

广东人是上海最早的移民群体之一，其事业主要是在上海创设百货公司，开办工厂、银行，设立出版社、戏院，兴办学校。广肇公学及其后来的粤东中学，无愧为上海粤侨教育中的佼佼者。

广肇公学的创设人卢颂虔（1891—1983），广东中山人。1911 年从广东到湖南山区，担任过 1 年半的家庭教师。1912 年秋来上海，因立志从事教育工作，留在上海办学。1913 年 1 月，卢颂虔与卢树屏先生经过几个月筹备，得到同乡卢著卿、卢炜昌两先生赞助，租北四川路清云里两幢民房为校舍，设立培德小学。2 月 19 日开学，最初的男女学生仅 27 人，皆为初小程度，都是广东人子弟，由两名教师分担各科课程。同年底添聘教员，扩充学额，增设高小年级。当时的学校条件，如上海一般的里弄小学，“屋宇既陋，设施亦简；既无运动之场，亦无专科之室；即体操游戏，亦只举行于方丈天井之中；且以地近市尘，远离郊野，空气环境，均极不宜”。

1917 年 2 月，学生增至 120 余人，校舍陆续增租至

广肇公学奠基

7 幢。同年增设国技部，请精武体育会派员担任教员。7 月，举行第一届高小毕业式与游艺会，来宾达 400 余人。8 月，分别获上海县署、沪海道批准备案。第二年春季开学，学生数达到 200 余人。

鉴于学校的迅速发展，原来租用的普通房屋早已不敷使用。1919 年 1 月，卢颂虔携教员张孝先赴南洋考察教育近两个月，开始商议筹款建校舍。1920 年 2 月，改名培德公学。1921 年 11 月 29 日，因经费支绌，也为谋久远及易于发展起见，上书广东人同乡组织上海广肇公所，请求改归广肇公所设立。12 月 4 日，广肇公所董事会通过决议，将培德小学改归公所设立。1922年1月31日，登报通告改归上海广肇公所设立，并改称上海广肇公学，校长仍由创设人卢颂虔先生担任，广肇公所则负维持及监理之责。同年9月，在北四川路横浜桥堍的福德里建成新校舍。

广肇公学的办学宗旨：发展学生本能，顺应社会需要，施以适当之陶冶，使德、智、体、群、美五育均发达。校徽：方形，紫缘，旗中为赤色英雄花三朵，同蒂分生，成正三角形，罩以绿环，上书“上海”，下书“广肇公学”，均右行横书紫色。

学校的编制是初级中学、高级小学、初级小学、幼稚园。修业年限：初级小学4年，高级小学2年，初中3年。学龄：男生满4周岁至20周岁。女生满4周岁至12周岁。入学：凡品端体健，年龄符合与试验及格者，均得入学，但入学时，须觅保人填具保证书。初级中学科目：公民、国文、英文、代数、几何、史地、理科、书艺、美术、音乐、体育。高级小学科目：公民、国文、英文、算术、书艺、历史、地理、理科、美术、卫生、音乐、体育。初级小学：公民、国文、写字、算术、美术、卫生、音乐、体育、常识。（四年级加授英语）。幼稚园：谈话、游技、唱歌、认字、计数、写字、工艺。

广肇公学的学生水平较高，除了大量的课外阅读外，还得益于许多著名教育家与学者的来校讲演，这是学校的课外研究之一。自五四运动以来，提倡言论自由，推崇科学与民主，演讲是很好的宣传手段。广肇公学能请那么多著名人士赴校演讲，在当时还只是小学与初中建制的学校里，并不多见。当然，这与董事会的人脉和广东人的社会能量有很大的关系。以 1923 年为例，在广肇公学进行讲演的著名人物及内容如下：文学家许地山《近代的小学生生活》；商务印书馆编辑杨贤江《怎样做人》；中共早期领导人恽代英《中国的希望》；中华书局总编辑左舜生《广东在近代中国之地位》；中华书局编辑田汉《近代剧运动概况》；戏剧家欧阳予倩《看小说之研究》；中国公学教务长陈兼善《我们的本来面目》。

广肇公学的新校舍迁至北四川路横浜桥堍以后，引起社会关注。同年 11 月 10 日，《时报》摄取校舍图及记录内容，登诸报上。11 月 28 日，《大陆报》登载各科作业照片 6 张，誉该校“为上海华人自办中小学校之不可

广肇公学北四川路校舍

多得者”。同一天,《申报》登载校舍摄影并记录内容,《新闻报》《时事新报》登载校舍、图书馆、礼堂等摄影并记录校况内容。

开埠以来，由于租界的特殊情形，外侨创办的学校开现代教育的风气，所占比例也比较大。但是进入民国以后，随着社会经济的发展，社会对人才的需求十分迫切，兴学的资金也呈现多样化，因此华人办学发展迅速，私立学校所占比超过一大半。创立于民国初期的广肇公学，随着民国教育的步伐而发展，成为一朵盛开在北四川路上的木棉花，其不仅是上海粤侨的荣光，亦是那个时代华人办学的骄傲。

1929 年 8 月 1 日，广肇公学遵上海特别市教育局令，改称上海特别市私立广肇中小学。1930 年 3 月 15 日，又改称上海市私立广肇初级中学，而将小学部改为附属小学，即广肇公学第一小学。虽然办学成绩斐然，但由于学生人数激增，原校舍与编制已经不能满足日益增长的入学者需求。

这一时期，正值国民政府的上海都市现代化“大上海计划”在筹备与进行中。该计划的核心是在上海国际都市租界的外围，重建华界的新都市，与外国列强的势力抗衡，适应日益高涨的民族主义需求，推动中国自身的现代化进程。而中国民族经济的复苏与新一代海归建筑师的诞生，为“大上海计划”的规划与实施提供了有力的基础。关注学校教育，不仅推行新学制，还要求改良私立小学，也是“大上海计划”的重要内容。

虽然广肇公学的校舍在华人学校里已有不错的声誉，“精神形式，俱臻上乘”，但是原有校舍，本预定容纳五六百人，容纳至1000余人，还不能满足入学者需求，而原有校舍无法再事扩充，混合初中、小学、幼稚园于一堂，对于管教训练，均有不便。只办初中，实未完成中等教育之阶段，初中毕业生于升学时，每感不便。面对如此情形，建造一所更现代化的校舍，设立高级中学，成为广肇初级中学在新形势下的新课题。出于教育家的责任，卢颂虔校长指出：广肇中学不仅是旅沪粤侨的教育机关，也承担着大时代所赋予的历史使命。复兴广肇，不仅是复兴旅沪粤侨的教育，亦是为国家民族预培若干复兴的种子。“教育事业，为一切事业之础石，亦即国家民族求生图存之基本要着。国家民族之环境愈艰苦，则教育事业所负之使命愈重大，而有赖于‘刻苦自强’以为改善环境、攻克难关之利器者，亦愈迫切。此固吾人素所同具之信心，亦殆万古不易之铁则也。”

正是怀着这样的信念，在“大上海计划”蓝图指引下，广肇中学开始迈向更高级的粤东中学之路。1932年7月，组织募捐委员会主持其事。最初由校董陈炳谦在水电路捐助18亩，添购32亩，共50亩地，后增购50亩，最终决定200亩，并得到国民政府内政部批准。校舍建筑原则是工厂式，即朴实、坚固、适用。设计者为华人建筑师李锦沛、范文照、关颂声。三位建筑设计师均有广东地缘、留美背景，能为一所中学的校舍进行精心设计，在民国建筑史上并不多见。

1934年9月9日上午10时，举行新校舍奠基典礼，吴铁城、文鸿恩、陈炳谦、郭乐、郭顺、李大超、唐宝书、劳敬修、杨润之等及同乡各界来宾约3000余人。由吴铁城市长奠基并致吉词：“唯兹广中，素望昌隆。培材立德，梓里所宗。莘莘学子，风响景从。不有广厦，何有兼容。乃告乡人，嘉猷共举。经之营之，规模乃具。爰立之基，百祎斯聚。垂万千年，英才永萃。”

1935 年 1 月，经建筑校舍募捐委员会决议，改名上海粤东中学。同年 11 月 26 日，举行新校舍落成礼，同时展览中学及两附小学生成绩。上午 9 时，举行学生军、童子军检阅，10 时举行落成典礼。吴铁城市长、张发奎将军、市教育局代表陈公素、校董、各界来宾、学生家长等约 2000 余人出席，吴市长、张将军及各代表相继致辞。晚间由永安公司永安乐社同人赠演粤剧。次日上午举行图书馆奠基典礼，吴铁城市长及校董等一千余人出席，吴铁城亲奠基石，并有新胜和体育会舞狮，精武体育会表演国术。晚间举行音乐大会，邀请沪上著名音乐团体参加演奏。在新校舍落成典礼的 1 个月前，即 10 月 26 日，《申报》以整版篇幅刊登《粤东中学新校舍落成纪念刊》，主政广东的“南天王”陈济棠题词：“鸿都伟观。”

粤东中学的校训是“刻苦自强”，校徽依然是赤色英雄花，但根据学校的发展而有所变化：花开三朵，罩以绿环，花外饰有三角形，象征着学校的中小三校一体（即广公一小、广公二小及粤东中学），白色两横线象征本校之高中、初中两级，其色白，表光明坦白。底色兰，表示发奋努力。

依照国民政府颁布的中学法，上海市私立粤东中学用三三编制，分高、初两级，修业期限各三年。设校董会，代表设立者负经营本校之责。设校长一人，综理全校一切事宜。

粤东中学校训

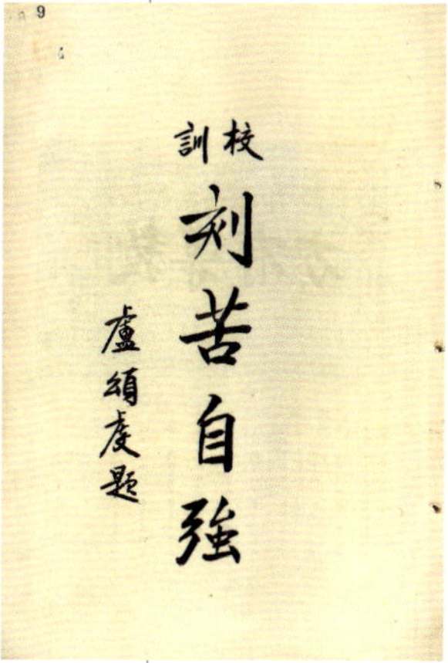

粤东中学校徽

在教学上，以合于时代潮流、适于人生实用作为选择教材的标准。以国文为例，教材是叶楚伧主编的《高级中学国文》，正中书局出版。初中国文：精读（每周4小时），略读（课外），文学及国学常识或略读指导（每两周1小时），作法指导或速写练习（每两周1小时），作文（每两周1次，每次2小时）。高中国文：精读（每周3小时），略读（每周1小时），作法（每周1小时），参考（课外）。

阅读文，第一年以体制为纲，讲授时注意其特征及作法；第二年以文学渊源为纲，讲授时注意其派别及流变；第三年以学术思想为纲，讲授时注意时代背景及影响。

精读：先将本题之大旨，全篇之要义，作者之事略，逐一说明，然后令学生分节朗诵，依次解释，再详细推阐其意义，辞析其文法。篇中有说理精警，文辞美妙者，更特别指出，养成欣赏古今名著之能力。英文：每周6小时，尽量采用直接法，用图画、实物及动作表示，朗读全篇课文两三次。语法部分，除讲解句子构造外，多举例子，使学生仿作。教学时，多设问答，使学生有多讲英文之机会。除了规定的课程以外，粤东中学还在初中三年级及高中各年级中，设选修科目：英语会话、簿记、应用化学、应用文、无线电、应用美术、用器画、文学概论（只限高中选修）等。

粤东中学的体育为其办学特色之一。他们认为，体育为教育之一种，不仅可以强健身体，辅助身体之发育，而且可以左右吾人思想行为发展的途径，实为整个生活训练不可少之科目，如社会道德、基本生活技能、善用闲暇之方法，公民必具之态度与能力等教育上的重要目标，均可借各种身体活动之训练而培养之。因此，设立体育教学的目标：锻炼体格，使身心发育健全，以振兴民族之准备；从团体运动中培养服从、耐劳、自治、忠勇、合作，守纪律及其他公民道德；养成生活上所需之运动技能，优美、准确之姿势，及以运动为娱乐之习惯。

粤东中学比广肇公学时代更加重视师资质量，虽然仍以广东籍教师为主（占82.98%），但不乏北大、复旦、中山、暨南、圣约翰、沪江等名校毕业生，还有一些留学美国、日本、欧洲等归国人才，甚至聘用大学教授、高级编辑担任本校教员。

据1936年第一学期统计，粤东中学初中部学生341

名，高中部学生 105 名，共有 446 名。初中毕业会考成绩：第一届（1933 年 6 月），该校初中学生参加毕业会考，全部及格。第二届（1934 年 1 月），参加毕业会考之全市各中学，得奖者只有三校，本校居其一。全市初中学生得奖凡十三，本校学生居四。国文科作文第一名，为本校学生赵士明所得。1934 年 6 月，粤东中学初中部应届毕业生，参加上海市教育局主办的全市中学生会考，全体合格，总成绩列甲等。个人成绩甲等者，百分之七十，余列乙等。

雄心勃勃的“大上海计划”，因 1937 年淞沪抗战而中断，与此同步的粤东中学校舍，亦在战争之初被毁。虽然此后有多次复兴之机遇，但是粤东中学在水电路时期的那段历史，成为上海粤侨难以磨灭的记忆。

“国弱民贫不足虑，时荒世乱不足悲，惟民智之低

粤东中学校歌

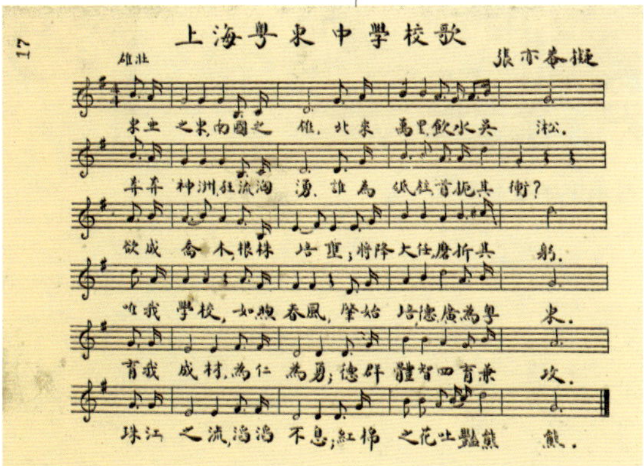

落，民德之不修，斯为大可虑之事。”在民国教育逐步发展、完善的艰难历史上，粤东是上海的私立民校，亦是华人名校，其办学理念、教学方法和管理，不仅是粤侨教育的成果，也是民国教育史的重要篇章。同时，广东人的义捐兴学，既是他们的同乡情怀，亦是在国难面前，广东移民在上海振兴民族精神的壮举。

粤东中学校刊封面

粤东中学校友会刊物《木棉》月刊封面

工部局宰牲场

陈祖恩

1933年，虹口沙泾港畔，一座四方形的钢筋水泥大楼拔地而起，宛如一座威严的炮垒，令牛猪羊等望而生畏，这就是工部局新建的宰牲场。

上海开埠后，随着牛羊肉供应的增长，食品卫生的监督与管理成为市民关心的问题。20世纪初，一位名叫“长江渔客”的日本人撰文告诫刚刚进入上海的日侨：“肉类一定要在小菜场或工部局许可的肉铺里购买。否则的话，有可能是马肉或水牛肉。有时，虽然牛肉还是牛肉，但是不能肯定一定没有结核病，想想便有些毛骨悚然。所以，肉类一定要看清工部局宰牲场的检印后才可以购买。”当时，由于工部局对食品的安全问题管理很严，公共租界内肉铺里卖的上等牛肉，都敲有圆形的印章，羊肉、猪肉和小牛肉则盖有三角形的印章。同时，还盖有英文 Killed Municipal Slaughter House，即工部局宰牲场的检印章。如果在菜场出售的话，会敲有 2nd Quality 的印章。

由此可见，在一般上海市民的心里，公共租界工部局宰牲场是一个可以信赖的品牌。

1873年，因私人屠宰场设备简陋，卫生状况恶劣，且常有疫病发生，工部局便有筹建宰牲场的计划。1876

年建成上海的第一所。1891年出资白银12000两，在虹口斐伦路（今九龙路）购地4亩2分，次年兴建完工。俗称“四卡子桥杀牛公司”。这家宰牲场每天可宰牛68头、羊102只，并可在室内冷冻。牛羊栏共能容纳牛68头、羊140只。其设备也比较先进，有自动水箱，可定时清洁场地，车间里有输送架，宰牲后可直接送入冰库冷藏。

1931年，工部局又在狄司威路（今溧阳路）沙径路转角的地方，物色一块地皮，筹建新的宰牲场。根据当时《申报》的报道，建筑为工部局建筑科的卡尔·惠勒（C. Wheeler）及恩脱白格（Unterberger）所设计，由余洪记营造厂承造。1934年1月竣工后投产，共耗资近400万元。“屋凡四层，纯以钢骨水泥捣成之。”

新的宰牲场占地16亩7分，俗称“宰牛场”或“杀

工部局宰牲场刚建成时的外观

即将进入宰牲场的牛群

宰牲场建筑立面

牛公司”。屠宰部分设在二楼和三楼里，共有杀场32处，分设大牛、小牛、猪、绵羊、山羊，大部分的屠宰由机器担当，同时有起重机、运输机、升降机，从劳辅助，特别省力。

从底层到四楼，分层设有牲畜饲养厩三大间，可以容纳大牛850头、小牛500头、羊1400只、猪600只，足够供应全市三到五天的肉量。冷藏所设在二楼，体积有73500多立方尺。共分九间，可冷藏鲜肉79.2万磅，是上海最大的鲜肉冷藏所。

1937年，《良友》杂志第124期以“弱肉强食”的标题，图文并茂地介绍这个“亚洲最完备的屠宰场之一”。文章说：“天演竞争，弱肉强食，牛猪羊等低级动物，千万年前，即以沦为人类主要食料。然宰之杀之，其道匪一，日下大都市中，此等工作，俱为屠场所包办矣。”牛群抵达宰牲场时，先在场前的广场散步，此是“可怜的牛群，是为世间最后一次散步”。进入牛栏后，“先拘留之处三十六小时，紧张之血液缓和后，始去就刑”。而宰杀过程，有条不紊，有“君子远庖厨”之称。建筑中的圆格子中“为挂肉处，使空气流通，肉不至腐。”牛之刑有三：电杀、枪杀、刀杀。枪杀，即刽子手须对准牛之脑门放射。刀杀，将牛置于牛笼，上下左右夹紧，使牛不挣扎，然后将笼推倒再刑。刀杀为侨沪犹太人所业。

20世纪30年代，因民族危机空前严重，《良友》借机发出哀叹，宰后“续行剥皮，牛如有灵，当问何负于人，致罹此劫”。“剥皮后，牛之心房犹在跳动，颇悔初不抵抗，今虽怨愤，无补事实也。”

上午9时至下午3时杀牛，下午5时至晚上10时杀猪和羊。在整个屠宰过程中，每个工场派一名稽查员进行检查。

随着设备的先进化程度加快，后来主要采用现代化的电击设备。平时，一头活生生的黄牛和水牛，从牛棚走上杀场，再变成牛肉，平均只需要一刻钟。现场并不如想象中那么恐怖，仅由几条木板平直地架成长形大槽，牛在里面可露出头和背部，当它临刑的时候，屠夫就用一副铁丝制的高压电器夹在牛颈上，通电 2 秒钟，牛就立刻昏倒，屠夫将机关一按，木槽的底板裂开，牛身就滚到另一部分去了，那里有一把锋利的牛刀，很顺势的将牛头割下，截去四足，整个牛身经过人工的放血、去脏、剥皮等步骤后，那血淋淋的牛肉就由运输机上的吊钩带出杀场，任凭人们用刀锯宰割了。

此外，宰牲场还附设工部局卫生局代办疯犬检验所、小动物室、化制场三个附属业务。小动物室里养了一些荷兰猪和兔子，专供试验血清之用。

宰牲场周边的河流，原本污染就很严重，新的宰牲场的建成，更引起人们对环境卫生的关注。在宰牲场落成的同年，作家叶灵凤在题为“河”的文章中指出：在斐伦河边，“岸上远过去一点更列着鲜血淋漓的宰牲场，阴惨惊人的验尸所。屠牲场的污血和秽物不绝地每日向河里送着。你只要有在那里走过一次的经验，你就知道那里的空气和景物已经臭到了什么地步。”对此，工部局应该是有所改进的，宰牲场有两根大管子直通马路对面的焚烧炉，将所有污物、粪土及稻草等全部通过管道传送到那里自行焚化，焚烧以后成为肥料，苏州河过来的船就把它直接卸到了农村。

近代上海的鲁班庙

陈云霞

开埠以后，大量移民涌入及近代工业文明兴起使得上海社会状况发生转变。不同地域来源、不同职业结构的人口移入后打破了上海原有的传统社会组织结构，并将其地缘情结植入上海这个正在近代化的城市中，成为组织城市社会的纽带之一。在此过程中，民间信仰作为这种地缘纽带中的重要环节，参与到近代上海社会空间的塑造。由于对住宅等建筑物的大量需求使得房地产业兴盛，因此水木等建筑行业得以空前发展。① 在此过程中，作为上海水木业工人行业崇拜的鲁班信仰也开始兴盛，鲁班庙的数量增加。② 同时，由于上海水木业工人依其地域来源主要分为苏浙、广东、本地三帮，形成了以

---

① 张晓虹：《上海城市空间的成长》，《江汉论坛》2012 年第 1 期。

② 传统的水木业是指泥瓦建筑业和木作，宋代苏轼《答程天侔书》之一就有："近与儿子结茅屋数椽居之，仅庇风雨，然劳费已不赀矣。赖十数学生助工作，躬泥水之役。"泥水业即代指泥瓦建筑行业。近代以来，上海的水木业包括房屋建筑、木作、搭棚等营建相关的行业。

各自鲁班庙为中心聚居的趋势。① 上海城区的鲁班庙由传统单一的行业神祇祭拜场所转变为兼具行业公会性质的近代城市组织机构，吸引水木业相关商业集中分布，并成为行业工人罢工集合、表达公共意志的场所。

一

上海城区鲁班信仰最早见于同治《上海县志》。鲁班神像最早是雍正年间（1722—1735 年）在群忠祠供奉，独立的鲁班阁出现较晚。上海最早的鲁班庙建于道光二十三年（1843 年）。

随着时间的发展，上海房地产业日益兴盛。水木业从业人员数量激增，鲁班殿的数量也随之增加，空间分布上也由硝皮弄的一处扩散至包括租界在内的三处。

在硝皮弄鲁班殿修建之后，第二座鲁班庙是里虹口的鲁班阁。文献对该鲁班阁的情况记载不够详尽，如同治《上海县志》记载：“鲁班阁，里虹口，在二十三保。”时间、地点一概没有详尽。此后的民国《上海县续志》记载在虹口二十三保有鲁班阁，同时给出了修建时间与人员：“咸丰八年（1858 年），粤帮造船匠公建。”② 即于第一处鲁班殿修建之后的 15 年粤帮造船匠建立自己的鲁班阁，但具体地点仍不得而知。笔者结合《申报》记载进行考证，认为它是建于汉阳路桥至长治路桥之间地块，

① 尽管本文涉及的几处鲁班庙称呼不一，包括鲁班殿、鲁班阁、公输子庙，但就本文讨论的几方面内容来看，三者均一致。因此，行文除引文外，论述部分均统一使用“鲁班庙”这一名称。

② （民国）《上海县续志》卷 29《寺观》。

因为1893年《申报》中有这样一段记载："江北人范小泽者，以推车度日，住于虹口染坊浜地方，其子年甫十龄，去年冯媒娶，住居中虹桥鲁班殿左。"①而1894年，《申报》也同样有关于里虹口鲁班殿的新闻：

> 昨日下海浦好事者，举下海庙某神偶像出游，午前窄袖短衣之侣齐集庙中，至午后三钟，神乃出，殿前导有旗锣箭牌……好身手者分执十八般兵器，赳赳然大踏步而行。由下海浦经东行街，过老街菜市街，转至新虹桥过鲁班殿入里虹口菜市，经石桥头向北而去。②

从这两则报道中可以看出，里虹口鲁班殿与"新虹桥""中虹桥"位置相近。根据20世纪40年代编撰的《老上海百业指南》，再对照《上海市虹口区地名志》③，可以得知里虹口鲁班殿的位置即现今的汉阳路桥至长治路桥之间近虹口港地块。

近代上海城区修建的第三处鲁班庙见载于1909年出版的《上海指南》，位于梧州路94号，也作"公输子庙"，修建时间、发起者却没有明确说明。④《申报》1928年2月4日第14版对各公所地点进行统计时记载："浙宁轮木业工会，虹口有恒路梧州路口公输子庙内。"浙宁

① 《以父拐女》，《申报》1893年12月26日，第4版。
② 《举国若狂》，《申报》1894年4月9日，第3版。
③ 上海市虹口区人民政府编：《上海市虹口区地名志》，百家出版社1989年版，第140、152、402页。
④ 《上海市指南》，《民国史料丛刊》，大象出版社2009年版，第271页。

轮木业将工会设在梧州路鲁班庙内，可以断定该庙是由浙宁木业发起修建。关于其沿革，薛理勇在《上海滩地名掌故》中回忆1992年该庙拆除时访谈当地老人得知："其庙原址为东余杭路245号，后因1928年火灾改设在附近的梧州路。迁移前进类似于石库门住宅，进门后是天井，里面是正殿，供鲁班先师，两边陈放十八般兵器及木工工具模型。"①而1927年，《申报》记载：

> 虹口梧州路鲁班师，浙宁红帮木业公所因日前接得上海县公署商业注册所来函……毕当由吴炳法起，谓吾红帮木业均系粗莽工人，且均食人之禄，服役工厂，并无公司商号之设立，即有之者亦不过自己所日夕辛勤之小工作，均未能与公司商号为比例，实情具在，似无商业注册之必要。②

1927年《申报》就有梧州路鲁班庙记载与访谈中今人提到1928年才迁至梧州路相悖，可以断定该庙是浙宁红帮木业于1909年以前在有恒路梧州路修建。

从上述文献的梳理来看，开埠以后上海城市鲁班信仰经历了由合祀于仁寿祠到单独列祀的过程，空间分布上也是由县城扩展至硝皮弄95号、里虹口二十三保、梧州路94号三处，分别为县城一处、公共租界两处，具体分布如图所示。

---

① 薛理勇：《上海滩地名掌故》，同济大学出版社1994年版，第328页。

② 《浙宁红帮木业公所开会纪》，《申报》1927年3月1日，第10版。

开埠以后上海城区鲁班庙分布图

二

对鲁班的信仰当然首先是从其对水木行业的护佑开始，明代的《鲁班营造正式》中“请设三界地主鲁班仙师文”后所附均为建筑方法、理论及工具等。① 可见民间对鲁班的信仰，是认为其具有高超的建筑理论和实践知识，指导施工。将鲁班神落实到具体的人，使人们对鲁

① 包括“定盘真尺”“断水平法”“鲁班真尺”“椎起造向首人白吉星”“凡伐木尅择日辰兴工”“推匠人起工格”“推浩宅舍吉凶论”“三架屋后车三架”“画起屋样”“五架房子格”“造屋间数吉凶例”“正七架三间格”等内容。

班的信仰有据可依。从信仰内容上看也是源于“规矩绳墨，垂以范模”，在行业技能上给信仰者以规范、依据。

开埠之后，上海城区的鲁班庙都是单独列祀，并且以其为依托成立了行业公会，参与到行业管理事务中。以硝皮弄95号鲁班庙为例，虽然是将仁寿祠鲁班阁迁移至此，但性质发生了根本变化。由原先单一的水木业护佑神，转而为兼具行业护佑、组织管理、议事筹划功能的机构。

在具体运行机制上，硝皮弄鲁班庙完全采用商业管理模式。此时鲁班殿不仅组织议事，还具有自己的经理人。“领行单”这一举措使得鲁班殿扮演着开埠后上海水木业董事会的角色，规范、管理行业的发展。鲁班殿还具有固定的资产和学员培训机制，凡是入殿的同业成员必须通过鲁班殿设定的考核方式并完成规定的业务培训课程。

为了巩固各自行业、地域来源的工人在上海的竞争优势，沪、宁、绍、粤等帮水木业采取规范化的经营管理模式，将鲁班殿从传统的行业神信仰扩展为兼具行业公会性质的机构。尽管如此，两者并未完全划清界限，在鲁班殿行使行业管理权限的同时也利用鲁班神灵来增强其权威与集聚效应，以及鲁班神祭拜在鲁班庙活动中的重要性。鲁班庙是水木业工人遇事讲理评论、申诉的场所，而这些活动并非仅仅管理人员的身份使其生效，更是因为鲁班神像的供奉。鲁班殿实际已成为神灵信仰与行会的合体。这种转变在鲁班殿内的布置、结构上也表现十分明显。鲁班庙性质在上海开埠后发生转变，尽管都离不开实体神灵的供奉，但从筹建者来看由官员变为特定行业、乡籍来源的工匠，功能上由原来单一的行业崇拜变为兼具行业管理、组织的机构、场所。

三

开埠以后，上海城区的鲁班神由与官员合祀转变为单独列祀，并且增加至三处。空间分布上从县城拓展至公共租界，功能上由单一的行业神信仰转变为包括行业神供奉在内的行业公会性质。内中原因来自上海开埠以后的社会状况变化，即城市建成区拓展背景下房地产、建筑业的兴盛。同时战争导致外来人口流入上海，也为建筑业提供了充足的劳动力。作为建筑业的行业护佑神，鲁班信仰自然较之前有所发展，并且根据不同地域工人来源而有所区分。另外，伴随水木业发展，要求规范化经营和管理的行业机构出现，鲁班庙行业公会功能应运而生。

开埠以后，上海城区设立英、法、美租界，最终形成县城、法租界、公共租界三足鼎立的局面。一方面，开埠带来就业机会的增长以及小刀会起义、太平天国影响使得外来人口大量涌入，房地产投资兴盛；另一方面，租界内城市建设的开展，这就使得建筑业得到前所未有的发展。在水木业工人看来，行业壮大离不开鲁班神的庇护。《申报》中常有这类报道，记载上海水木业："木工咸奉鲁班为祖师，近来土木繁兴，该业颇多利益，遂于东北隅空地上醵金演剧以答神庥。"① 建筑业繁盛，水木

① 《芝罘纪事》，《申报》1885 年 5 月 4 日，第 2 版。

业工人认为鲁班神的庇佑是重要原因，采取了传统的民间信仰方式——集资演剧来报答鲁班神的庇护。可以说，鲁班庙分布在上海城区的扩展与水木业兴盛紧密相关。

19 世纪 60 年代，上海较早的一批外商洋行在经营贸易的同时兼营房地产业，国内的早期资本家也开始投资房地产。开埠以后上海鲁班庙的扩展、分布态势并非随意形成，而是与水木业工人不同的地域来源相关。庙宇、殿阁建筑本身是某弱势群体或某群体个别弱势方面恐惧、焦虑心理的表现，对此，这些工人对各自乡籍的鲁班庙具有心理上的依赖性，同时鲁班信仰在行业管理上也使这种依赖得以加强。所以，不同地域来源的水木业工人分布与鲁班庙空间布局具有依存性。

同乡会一直在近代城市社会事务管理中扮演重要角色，广肇公所在解决旅沪人员就学问题时曾征用虹口鲁班庙的资产，而在上文论述中已经提到粤籍水木业工人在虹口建有鲁班庙，也就是说广肇公所与虹口鲁班庙存在利益上的关系。光绪二十七年（1901 年）“五月，广肇公所议设义学，查三元宫西首有栈房一所，鲁班先师庙有屋与空地，铁匠行又有公所准可采择一处试办”。① 倘若鲁班庙不是旅沪粤籍人员私有的资产，断然不会为广肇公所随意租借，这一事宜在 1918 年得以落实。“兹悉广肇两府同乡除广肇同乡会等十一团体外，举出之代表周锡三等四十二人，昨日发布第一次通启云：我广肇两府同乡大会所议改良公所、扩充学额等事件，无非为桑梓谋公益而已，大会决议各条当即次第举行，而以扩充

① 《徐愚斋自叙年谱》，民国十六年香山徐氏铅印本，第 196 页。

学额为当务之急，代表等已租定海宁路同昌里三楼三底房屋两宅为学舍，以就虹口西北角之学童，而虹口东北角学舍则以鲁班庙地址为较合，经由董事函致上架行，恳其租借，所聘教员准在日内登报招考……代表等同是广肇人份子，既受同乡委托，绝不敢避。”① 可见虹口一处是粤籍人集聚点，为解决其学舍问题，粤人所建鲁班庙为租借自在情理之中。

在鲁班庙乡籍区分的基础上，来自各地的水木业甚至其他行业人员对各自鲁班庙具有心理上的依赖性。对于广东人来说，鲁班信仰已不仅仅局限于水木行业范围，“前日广东人某甲，因二□为灾，匍匐至虹口新虹桥鲁班殿求赐药方。及一签跃出筒中，视之，大书洋烟和药煎饮，甲信以为神灵指示，如法饮之。饮毕卧床，未几即呻楚哀号，肠断而毙，神方之误认甚矣。……虽然鲁班何尝愦愦，仍信而服之者之，伊戚自贻耳”。② 该广东人病痛之际首先考虑求助的便是在其生活空间内的虹口新虹桥鲁班殿，即上文所提到的粤人在虹口所建之庙，可想旅沪广东人对鲁班信仰的心理依存程度。

在特定乡籍来源人群与鲁班庙的依存关系下，各乡籍水木业工人分布与鲁班庙的分布呈现出重合性，《上海繁昌记》中描述租界情况时就有这样的记载：“美（租界）只沿江数里，皆船厂、货栈、轮舟码头、洋商码头，粤东、宁波人在此计工度日者甚众。”③ 从文章第一部分

① 《广肇代表之第一次通启》，《申报》1918 年 10 月 2 日，第 3 版。
② 《鲁班愦愦》，《申报》1894 年 3 月 1 日，第 3 版。
③ 葛元煦：《上海繁昌记》，卷一《租界》。

可知，梧州路鲁班庙正是宁波轮木工人创建，粤人和宁波工人鲁班庙所在地恰恰是粤东和宁波工人分布密集的地区。至1885年公共租界内正式统计的广东人为21013人，1900年为33561人，1905年为54559人。① 而这些移民在上海的聚居地主要分为三个地区：公共租界的广东路和外滩周围交接处，虹口杨树浦的耶松船厂附近，江南制造局和江南造船厂所在的南郊高昌庙。其中，广东路、外滩为大的企业、洋行等分布区，这里的广东人大多是商人、买办等；高昌庙附近因靠近造船厂，大多是造船工人、水手等；而虹口一带，则大多是普通的手艺工人等。② 上海市警察局曾对粤人鲁班庙所在的虹口地区广东人因地缘聚集结社一事进行过专门的统计调查：

> 据报虹口粤人方面之秘密结社流派甚多，份子复杂。新胜和会，多为商人、工人，间有流氓、地痞。群和会……。同群乐会一为酒楼茶室招待，二为粤商、工人等。聚晴和会……地点多在虹口吴淞路武昌路。③

这些流派均是以“聚”“群”之类命名，且位于粤人鲁班庙附近的武昌路一带，可见这里是广东人聚居的地带。虹口区的广东街即因广东人密集得名，包括现在的

---

① 孙钻友：《广东人在上海（1843—1949）》，上海人民出版社2007年版，第30页。

② 《广东旅沪同乡会》，上海市档案馆藏，卷宗号：Q117-1、Q117-2。

③ 《虹口粤人结社情况》，上海市档案馆藏，卷宗号：Q146-2-20。

武昌路、福德路、新广路部分。[1]根据《上海市虹口地名志》及上海市档案馆《广东旅沪同乡会档案》复原出粤籍鲁班阁与广东街及广东人在鲁班阁相近区域建立的部分机构，如下图所示。

传统的鲁班神是固定行业群体所膜拜和信仰的对象，而近代上海修建的鲁班庙则是演变为来自固定地域行业群体的组织机构，如上文所说硝皮弄鲁班庙是苏浙各帮匠人兴建，梧州路鲁班庙发起者是浙宁轮船木业匠人，里虹口则是粤帮造船匠。即每所庙址所集聚的人口类型

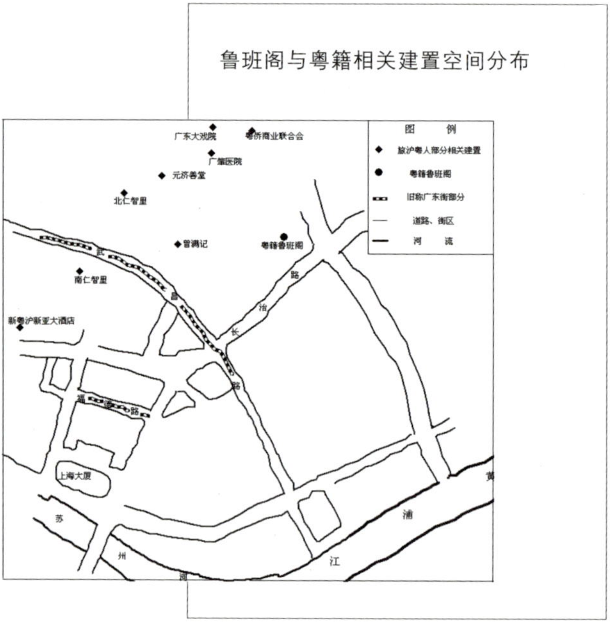

① 《上海市虹口区地名志》，第320页。

具有特殊性，不仅要求同行业，还对地域来源有所规定，这就决定了开埠以后上海城区鲁班庙分布的态势。

四

开埠以后上海城区的鲁班庙在空间分布上有所拓展，发挥了行业公会的作用，成为同行业人口集聚的地点。与此同时，鲁班庙地域分布及其功能的转变导致它对所在城市区域的社会空间产生影响，主要表现为水木商业

鲁班庙修建以后，由于共同信仰以及行业经营需要，水木业及相关行业商业点围绕鲁班庙集聚，形成了自身的商业空间。梧州路公输子庙及周边水木作相关商业点分布（据《老上海百业指南》第 35 图绘制）

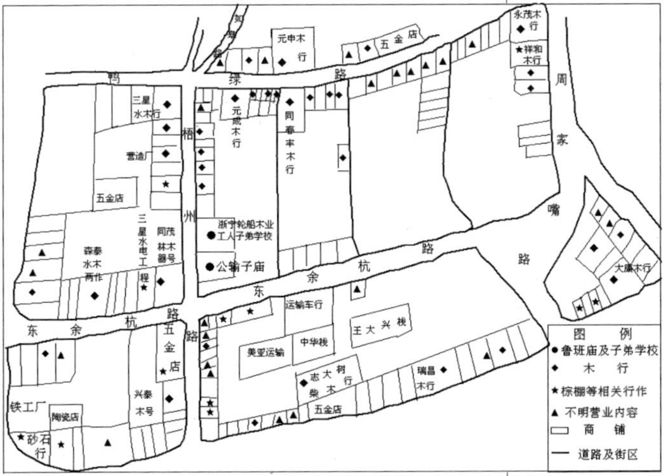

点的聚集、游行集会区域的产生、相关公共空间的形成。水木业对鲁班信仰的依赖来源于两方面，一是他们相信鲁班神会给自己的营业以荫庥，二是鲁班殿的行业公会功能让水木业经营商都必须参与到这一经营管理中来。

中国近代工人运动的史料中上海工人生活条件的不堪是其罢工反抗的主要原因，其中水木作相关行业罢工、集会均是以鲁班庙为集聚地点。该时鲁班庙已经成为公共的议事空间，聚集同行业、同地缘的工匠。

倘若说水木业工人在鲁班殿的集会是因为出于对鲁班神的信仰和行业公会的议事性质，那么因国难、战争等引起的集会就完全是因为罢工者将鲁班殿视作一种公共空间，可以通过其来表达、传播自己群体的意志。辛亥革命期间，上海鲁班殿也发挥着革命聚集地作用。1914 年，上海水木业工人为反对袁世凯以及抵制日货等举行罢工，以鲁班庙为核心形成了同行业、同地域工人表达公共意志的公共空间，甚至超越行业、地域限制成为大众的公共空间。

鲁班殿对社会空间的塑造还表现在拥有自己的游行空间，但出于资料的限制不能一一复原，只能以虹口粤人所建鲁班庙为例。“本月初十日为我皇太后万寿，普天率土莫不胪欢，本埠虹口地方鲁班殿中有粤海髹工等独赛灯彩，游行街市，虽不及去年之盛，犹见衢歌巷祝之一端，他若倭后之象可共传观土寺之神，藉解天餉并其余新奇各图即日出售此布。”① 凡是这样的传统节庆，鲁班殿都会举行游行等庆祝活动，而对于游街的具体路线在

① 《三百九十三号画报告白》，《申报》1894 年 11 月 23 日，第 1 版。

之前几日的《申报》中就已给出：

> 沿途奏乐……以东至提篮桥折而向西至天后宫北绕出武昌路，遍游各处始收队而。①

路线复原如下图所示，而这一路线正是本文第三部分所提到的粤籍底层工人所聚居的虹口及杨树浦一带。

里虹口鲁班庙游行路线

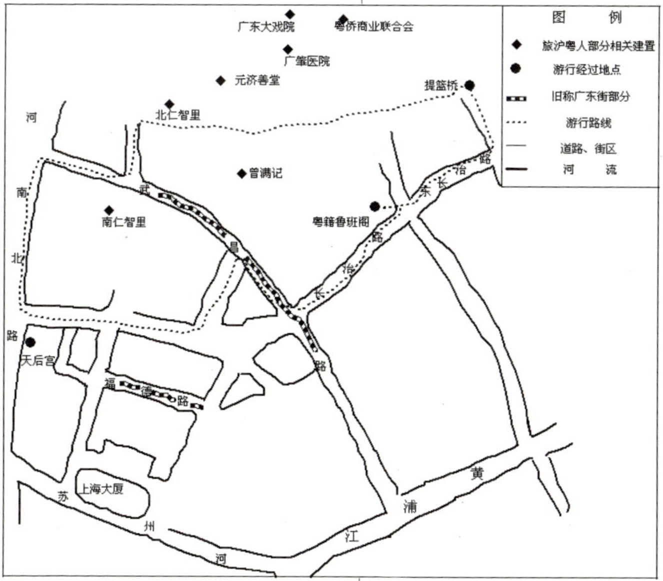

① 《赛灯志盛》，《申报》1894年11月9日，第3版。

可见，这种游行是在粤籍鲁班庙信仰人群分布的特定区域进行。

开埠以后，租界的设立加快了上海城市化进程，同时小刀会起义后外来移民的植入导致房地产业成为上海的支柱产业之一。基于此，与房地产业相关的水木、油漆、搭棚等行业所信仰的鲁班庙繁盛起来，由开埠前的合祀变为单独列祀，数量和空间上都有所扩展。分析开埠后上海城市鲁班庙的分布态势可以发现：特定地域来源和行业构成的人群决定着开埠后上海城市鲁班庙的分布，两者具有空间分布上的相关性。究其根源，这种分布相关性离不开移民本身的乡缘依赖性。同时，鲁班庙通过发挥行业组织、管理功能来吸引水木及相关行业的营业点，塑造了排他性的社会空间，可以说开埠后上海城市的鲁班庙一方面继承了传统民间信仰在社会组织方面的功能，另一方面也适应了开埠后上海的社会变迁。其具体就表现在既保留了信仰祭拜活动的传统，也发挥着经营行业活动、组织政治罢工等作用。透过它的变化，可以看到上海开埠以后传统社会的文化、社会组织如何在近代以后发生转变。

弄堂深处是吾家

吴福辉

我出生在上海。虽然现今我这个人无论从外看到里，都像是标准的北方汉子，但江南的童年记忆很深。10岁以前20世纪40年代上海市民日常的样子，他们的生活方式、思维方式，还是深深地印入我的灵魂，刻骨铭心。其中，就与我家先后住过的三条弄堂相关。

上海人所说的弄堂，里衡，即胡同之意。好像“胡同”一词是元人带过来的，起初是进口货，后来渐渐融入中华文化。我幼时所住的第一条弄堂，位于静安寺附近的北京西路，当时叫爱文义路四寿邨。关于上海的外文路名，当然是租界的产物，但取消的过程却是相当漫长（不要以为用中国省和城市为上海的南北、东西马路命名是“国货”，最初也是租界当局确定的）。我1944年5岁上学，学校原为工部局西区小学，非常出名。那时的记忆就有了。到抗战结束我们搬去虹口为止，整个上海的孤岛、沦陷时期都是住在爱文义路的。其时，家父在几家报关行（替商人履行向海关报税手续的机构，是私营的）做职员，收入颇丰，才可能在被称为“上只角”的沪西静安寺地区，租住如此的新石库门房子。80年代中期我有一次去上海住在延安西路美丽园，离静安寺很近，中午便寻到该处房子，发现它竟完好如初。前几年领着亲友又去看过，附近的老房子拆迁到我们那条弄堂就停住了，想必是尚可使用。四寿邨呈L形，很短，每家独户居住，联排的三层单开无厢房的石库门，一条死弄堂仅七八户人家而已。石库门是近代上海最有特色的市民用房，真正有钱的人住的是单栋洋房，甚至花园洋房，其次住欧美风格的公寓，此外的新式里弄房子和石库门也要选地段、择新旧。石库门在上海的历史从清同治年间开始，到20世纪40年代大概一半以上的沪人都生与斯、居于斯。它有老式与新式之别，我们这算是新式的。石头的门框、门楣和对开的黑漆木门。上有门环，为石库门房子所必备。大门照例不开，都走后门。我记得有一年七月十五过中元节俗称鬼节，大门忽开，为的是外面有泥地可遍插香火，小孩们守岁一般熬夜等着收捡香棍玩呢（这个节在香港现在仍保留着，我碰到过）。进得大门是一天井，家里当时租过骆驼祥子拉的包车，就停在那里；父亲的朋友领来过一只狼狗，拴在那儿狂吠，我们小孩子又怕听又想听。

然后经过传统的落地门扇便是客堂，为吃饭会客之所。后面是灶间、后门。灶间与客堂之间是楼梯，很陡很暗的木楼梯。一上去便是亭子间，它处在灶间之上、晒台之下，一般做佣人房或堆杂物，我家是做洗浴间：因为是阴面的房子，下热上凉，单独出租较为便宜，所以深得初来上海滩的青年夫妇或左翼贫困作家们的青睐，久而久之便酿造出一种“亭子间文学”和“亭子间文化”了。从亭子间折弯，沿楼梯再登上去，便是二楼正房。如果没有三楼，便是典型的“一楼一底”。三楼有的是利用屋顶空隙搭的，叫假三层，大的阁楼置放双人床、柜子都没有问题。阁楼在屋顶开出的窗户便是“老虎窗”。这种楼房如一家独住是挺舒服的，住户应是中产阶级，比如四寿邨我们对面的一家是工厂主，家里装着电话，客堂里挂着当红的绍兴戏（越剧）名演员照片，不知道是袁雪芬、傅全香还是徐玉兰。旁邻一家的客堂里，摆着贵重的紫檀木棋桌，小时觉得神秘。家长们都忙，互相客客气气，并无多少往来。而“小康”市民家庭温饱之余，一是过节气氛浓厚，春节、元旦、端午、中秋几个大节外，清明、中元、双十都过；二是业余生活多样，家父每日上班情景我见不到，回来应酬繁多是明显的。家里经常有朋友来吃饭，吃饭的理由主要有欢迎新同事、过生日、婴儿满月、亲友聚散、搬家等。城市里都是租房住，为“乔迁之喜”而吃的搬场酒便格外多，借口也最容易。出去的应酬主要是婚丧嫁娶，中式结婚吃酒席，西式结婚吃糕点，如果家里有孩子被邀去做男女傧相，就分外热闹。饭后一般打麻将，八圈、十六圈算是卫生麻将，通宵的雀战亦是常事。所以我从小在咖啡豆的气味中看懂麻将，便不奇怪了。还有是看戏（看电影是以后的事），因家父喜欢京剧，女亲眷们喜欢的是越剧。叫“祥生”的出租车到大舞台、天蟾舞台、共舞台看戏，是让孩子们兴奋的大事。我记得的海派连本戏有《血滴子》，有《西游记》。戏园子中西合璧，卖冰糖葫芦，甩手巾把子，烟雾缭绕，偌大的二道幕拉起来上面是“美丽牌香烟”的巨型广告。如果跟着大人去“荡马路”，也是上海人的文化一课。最高兴到南京路大新公司的地下铺面去乘阶梯式电梯，到三阳南货店去买宁波吃食，最近处也有静安寺的商业区可逛，因而养成我一个男生并不讨厌遛街的习惯。长大后，家里每月给点零花钱，主要用来坐电车，静安寺到四川北路的一路电车整日在我家门前“带根辫子”绕圈开着。过年必穿新衣，去参加婚礼要穿新衣、穿皮鞋。这小皮鞋平时不穿，单等拜年、做客时穿，往往小了紧了，并不舒服，好像是专为大人穿似的。上学之后，我的兴奋点就集中在我的新闸路小学（西区小学，即后来的静安区第一中心小学）上面了。这学校主楼三层，上音乐、手工课有专门的教室。走廊里龙头的水是可以饮用的，中间休息时排队喝牛奶。礼堂能容纳全校师生开会，还有演出。我第一次接触的世界文学名著是《阿丽思梦幻奇游记》，就因在学校礼堂看了大型提线木偶戏《阿丽思的梦》。最早读的是《格林童话》，因为看了卡通片（即动画片）《白雪公主》。中国小说看的则是水浒三国的连环画（后叫小人书）。就这样，我在如此的环境下完成了我的早期生活教育。我有理由把上海中等市民的生活水准和内地富庶地区如四川成都平原一般的地主家庭做一比较，衣食住行，文化娱乐，除“食”一项互有伯仲外，其余都远远胜出。这是中国现代发展过程中，城与乡、东部与西部不平衡性的显著表现。

不过，这样的日子在我家里没有维持太久。三四年后，随着父亲离开报关行去从事不适于他的商业，我们家就开始走下坡路了。先是搬家。从沪西搬到了虹口的狄思威路、今之溧阳路。虹口在上海是个中间发达地带，它位于苏州河北（旧地图标吴淞江），自然比南部的中心区差；但它又夹在闸北和杨树浦（今简称杨浦区）这两个工业区之间，还不能算“下只角”。特别是一条四川北路贯通了昔日的美租界和日侨聚居区，它拥有仅次于南京路、霞飞路（淮海路）的商业街市。我家搬过去的是狄思威路一条新式弄堂，并非石库门，而同鲁迅大陆新邨的格局类似，只是举架较低，门前的短栅和庭院几乎是微型而已。最主要的是我们只能租住二楼的两间房子了：两间里我住的那间还是骑楼（上海人叫“过街楼”）。弄堂里没有活动的空间。我能记得爱文义路弄堂玩滚铜板、弹玻璃球、看人跳格子的情景，可狄思威路弄堂里玩过什么一点也没有印象。仅记得一个春雨连绵的季节，有只鸟雀突然误撞入我两面带窗的屋子，被我视同宝贝一般养了好几天，最后放生时还依依不舍的。

这条弄堂叫什么“坊”，现在已记不住了。我的三妹生于此。1992 年我陪她寻找出生地，是凭弄口路对面那家西式小菜场辨认的。与此弄堂有关的比较风光的事情有二：一是我考上附近的新陆师范附小。这也是比较有名的学校，查上海辞典里它创办于浦东，抗战初期遭炸毁，光复后在虹口恢复。名校的标志便是转学也需考试，不乱收学生。这个第二母校位于九龙路和武进路夹缝的地块上，对面的市立传染病院现在叫第一人民医院。学校所在原是块空地，老地图上标着“瓦筒堆场”这样奇特的名字，现为虹口中学。它三层楼的校房十分宽大。礼堂、草坪、球场、游泳池、假山，一应俱全。我后来带学生去“瞻仰”过，他们都为这么好的小学校舍咋舌。风光之二，是家父此间因赴青岛、南昌各地曾坐过飞机。这在同学中是可以炫耀的。我并不晓得父亲的经商实际已处于失败局面，只觉得他带回的航空食品足够我在小朋友中位置的升高。父亲还带同庐山的手杖，景德镇的瓷器，那些瓷碗上烧得有“少吃多滋味”的字样。瓷像是依父亲青年时代着西装照定制的（现仍存），都让小孩子感觉新鲜。

新陆师范附小的延长线，是与我的文化维系。由校门口武进路西行，经一家著名的救火会（许多上海老照片集都有这家消防队的红门高塔身影），便入海宁路。这是四川北路中段的一个文化娱乐区，电影院、剧场、书店、商铺林立。我在这里自买的第一本书，说来有点不好意思，并非文学名著，却是本鬼故事。这里有虹口影戏院，是上海最早的电影放映地。有国际电影院，后来在这里看过名噪一时的《一江春水向东流》。在胜利电影院戴了椅背上的“译音风”可以很便宜地看外国原版片。从海宁路折进四川北路走过横滨桥到丰乐里，是我祖母和大叔的住地。它在新辟的多伦路（旧称窦乐安路）文化区之内，今日被呼为左翼作家的大本营：左翼作家联盟诞生地原中华艺术大学在这里，鲁迅、茅盾、柔石等住过的景云里在这里，沙汀、艾芜住过的德恩里在这里，彼此只有几分钟的路程。窦乐安路对面是内山书店，处在施高塔路路口（今山阴路），折入便是鲁迅最后居住的大陆新邨了。在附近同四川北路相接的，还有鲁迅用内山书店店员镰田诚一的名义租下的狄思威路 1359 号二楼的一间 20 平方米的屋子，来放他大陆新邨住房放不下的 6000 册图书，这间藏书室曾经被夸大为鲁迅秘密阅读马克思主义书籍的地方。而不远处的狄思威路 1269 号便是抗战胜利后郭沫若住过两年的英国式住宅房。这些当然

图为日本人第四国民学校，光复后建新陆师范专科学校

19 世纪末 20 世纪初，工部局医院建筑即为新陆师范校舍

都是我有了现代文学专业知识后才知道的，但当年因与自己家和祖母家邻近，我常去那里。像虹口公园（今鲁迅公园）常使我难于启齿，是因顽皮曾掉在它的一个池塘里。你可以想象，这几乎是我少年时代天天走过的再熟悉不过的地方了。

但我家的日子却越过越艰难，终于连狄思威路的房子也难以为继，就乘我姑母全家迁移台湾的机会，搬到了他们原住的东余杭路春阳里去。此地因离新陆师范附小的路程与狄思威路一般远，所以我并没有转学校，一直在那里读到六年级我们离开上海北上为止。

2002 年 10 月，我在上海九龙宾馆参加胡风研讨会，晚上陈子善到我房间来，我们对着窗外万家灯火聊天。我突然说，这下面一片低矮黑漆漆的房子是我住过的。陈很感兴趣地问，难道你住在东余杭路？我点头。陈说出我也感觉意外的话，说他也住过。于是这夜我们结伴做东余杭路游。九龙宾馆就在狄思威路上，隔了虹河（应当是“虹口”名字的来源吧）可以望到新陆师范原址，沿河才是九龙路。我俩由鸭绿江路进春阳里弄底，穿过长长的弄堂，然后抵达弄口的东余杭路。我少年时觉这条老式石库门弄堂其长无比，中间有近十排横弄。我家窗下即东余杭路，是铺面房，所以大门就没有了；从后门进，灶间改住了一家人，前面是四开间的荣昌祥南货店；上楼亭子间住一家人，到二楼是两家，我们分住一个前房、一个阁楼。亭子间上面的晒台是公共场所，撑满了万国旗一样的晒衣竿子，通晒台的楼梯下放置了一排煤球炉子。如果不是被南货店分割，应当有七八家住在这近似爱文义路一户的空间里，我们过的就更像是

“七十二家房客”的拥挤无厨房无马桶间（卫生间）的石库门生活了！

不过陈子善目测了我的石库门房子后，却说还好，至少不比他家差。我不知道搬来后父母的真切感觉，他们一定是大窘，不然不会在1950年初不顾所有亲友的反对，力排众议，在春节前毅然离开上海。但我当年住在这里感觉很快活，因这里同爱文义路最大的区别是有生气。满弄堂都是人，日子是鲜活鲜活的。我放学回来可以在弄堂徜徉，看大人们如何斗嘴，见少年郎学脚踏车穿梭其间。听爆米花炉子嘣的一声带出粮食的香味，而大变活人的戏法就在街上进行，真让我生怕箱子把人变成零了。一利一弊，虽然街市的分贝很高，但市民的生活就像开水沸腾一样。早上的弄堂奇景之一是刷马桶。天刚蒙蒙亮，家家后门的马桶已排成队了。粪车进得每条横弄好像有铃声，马桶倒后用清水洗净，长竹篾条扎成的刷子的沙沙沙声音就响彻满世界。之二是生炉子，分炭风炉和煤球炉子两种。前者是要顿顿饭生的（所以上海人都吃大饼、油条、粢饭团的现成早餐，或用开水泡隔夜饭，不生或少生炉子），这之间弄堂里响起哗啦哗啦的扇扇声，不久便见到各家门后的缕缕青烟。生炉子要准备纸媒引柴和煤炭。要算计好做饭炒菜和冲热水瓶的用量，可是饭偶尔能用点心充当，洗脸洗脚的热水是不能没有的，所以上海市民在节约的前提下就有了奇景之三的上老虎灶。记得春阳里的老虎灶颇远，热水瓶带着一个横梁，有时我也帮母亲去买过提过。那是当街一个大斜面的特殊炉灶，几口大锅，用水勺往热水瓶里注水就像川人添茶那样要有一身技艺。这种老式石库门房都无现代化的厕所、厨房，春阳里让我见识了爱文义路和狄思威路都没有的下层市民生活。如果习惯了便会觉得方便，像每日必需的买菜，路口便有各色菜摊，6时开市，8时即散，假使要买更多更好的荤素菜可穿过一条狭弄到达汉阳路，不远就是全市闻名的三角地大菜场。生火对面就是煤球厂，买零食就在楼下南货店，理发照相都不用走出几十步路，看武侠的书摊就在窗下，有时吊个篮子就能把书吊上楼来。市民的生活杂乱无章，却生气勃勃，充满了人间气息。

与陈子善夜游的时候，报上已发表过宋庆龄可能是在东余杭路出生的消息。那是在此路530号发现了宋氏老宅，为宋庆龄父宋耀如致富后于1890年在沪地所建。两层楼的石库门房，前后天井，用木楼梯连接两个院子，现虽破旧但基本结构仍然完好。宋庆龄究竟是生于浦东

吴福辉像（1939—2021）

还是虹口，目前存两说：有人以宋庆龄说浦东口音的上海话为据，但接着就有人指出老上海话就是带浦东味的；有人出示老地图证明1890年东余杭路是河滩地，哪里有宅子，但接着就有人指出老地图未标有路却实际已有房的情况多了。不过宋氏三姐妹都是从这里出发而去美国求学的，没有疑问；孙中山先生1894年结识宋父得到极大支持，曾在此宅住过，甚至在此计划过广州起义，也无异议。那真是我们的光荣。

我自然热望宋庆龄先生生于此地，但那毕竟只有一个答案。我也不知道这场出生地的学术讨论究竟如何落幕，但我相信东余杭路人有福了，上海市民得福了。

春阳里旧档解读

王　芳

春阳里位于虹口港之畔，即东余杭路211弄。其东临梧州路，南至东余杭路，西达溧阳路，北连鸭绿江路（今周家嘴路）。弄内为2层砖木结构住房；周沿主要为市房（商住两用），其门牌号按沿街马路编号。1930年，由英商业广地产公司兴建。春阳里独特的地域位置、时代特点和社会特征成为了解和解读虹口作为海派文化发祥地的重要样板。

根据1947年的《上海行号路图录》记载，春阳里沿梧州路的门牌号编入梧州路，由南至北分别为梧州路69号至151号，均为单号码，除93号、95号、97号外，其余门牌号作为行号全部登记在册；春阳里沿东余杭路的门牌号编入东余杭路，由西向东分别为东余杭路175号至243号，均为单号，除175号、177号外，其余门牌号作为行号全部登记在册；春阳里沿溧阳路的门牌号编入溧阳路，由南向北分别为溧阳路542号至572号，单双号依次排列，除550号、551号外，其余门牌号作为行号全部登记在册；春阳里沿鸭绿江路的门牌号编入鸭绿江路，由西向东分别为鸭绿江路30号至54号，均为

1947 年《上海行号路图录》中的春阳里

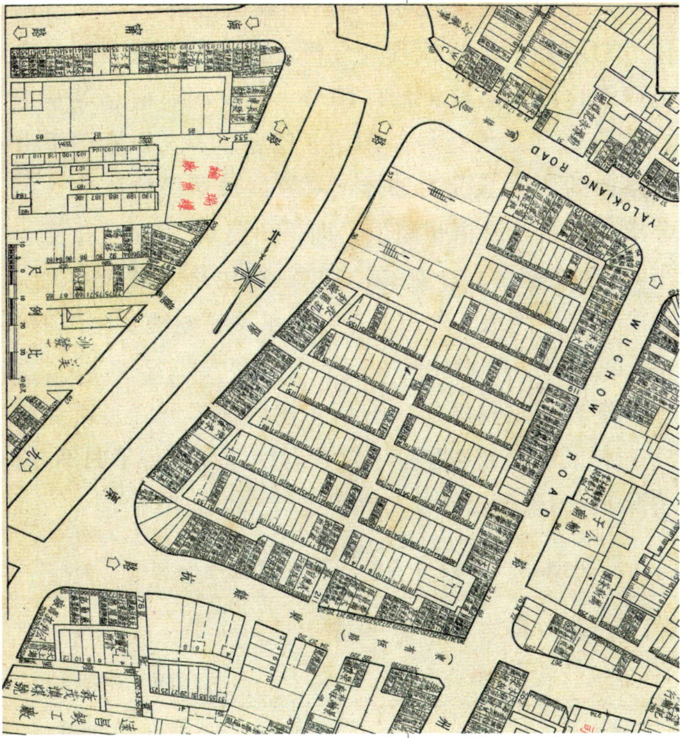

双号，除 40 号外，其余门牌号作为行号全部登记在册。上述行号有米店、油店、服装店、烟杂店、南货店、运输公司、医院等，涵盖居民吃、穿、用、行的方方面面，基本形成了相对独立的生态街区。

与之相佐证，经对虹口区档案馆馆藏 1948 年春阳里周沿户籍档案进行梳理、分析、统计，结果表明，春阳里周沿户籍档案登记的门牌号、住户职业信息等基本与 1947 年的《上海行号路图录》吻合。本文以春阳里沿梧州路段的居民状况为抽样，对该区域居民构成作进一步分析。春阳里沿梧州路段，即梧州路 69 号至 151 号，沿街共有 39 幢房屋，住户 55 户，居住总人数 350 人。因房屋为商住两用，除商业用房，平均每幢楼要居住 1 至 2 户人家，每户平均住约 6 到 7 人。

笔者在对整体居民有所了解的前提下，又对周沿的 55 户户长的原籍、职业、文化程度情况进行了归纳分析，情况如表 1、表 2、表 3 所示。

表 1　1948 年春阳里沿梧州路户长原籍情况

原籍所在地	数量（人）	占总户长比例（%）	备注
江苏	31	56.36%	其中：苏北籍 16 人
浙江	18	32.73%	其中：宁波籍 16 人
上海本地	3	5.45%	—
广东	2	3.64%	—
台湾	1	1.82%	—

表 2　1948 年春阳里沿梧州路户长职业情况

职业类型	数量（人）	占总户长比例（%）	江苏籍		浙江籍	
			苏北籍	苏南籍	宁波籍	其他
职　员	17	30.91%	3	4	6	1
个体商户	28	50.91	7	9	9	—
流动摊贩	5	9.09%	4	1	—	—
体力劳动者	4	7.27%	3	1	—	—
失　业	1	1.82%	1	—	—	—

表 3　1948 年春阳里沿梧州路户长文化程度情况

文化程度	数量（人）	占总户长比例（%）
工专	1	1.82%
中学	12	21.82%
小学（初小、私塾）	27	49.09%
失学（不识字）	15	27.27%

通过以上表格可以得出：春阳里周沿户长以江苏籍和浙江籍移民为主，两者占到总人数的 89.09%，其中江苏籍的 31 人中，苏北籍和苏南籍基本各占一半。浙江籍中宁波籍占了浙江籍总人数的 88.89%。其次是上海本地人、广东人。江苏苏北人、浙江宁波人、广东人和本帮人也是虹口区居民构成的重要来源。

春阳里周沿户长职业以职员和个体商户为主，两者占到总人数的 81.82%。职员中以中层职员为主，17 人中，江苏籍 7 人，浙江籍 7 人。个体商户 28 人，江苏籍 16 人，其中苏北籍 7 人；浙江籍 10 人，其中浙江宁波籍 9 人。单就数量论，苏北籍和宁波籍个体商户的数量并无

1948年梧州路85号户籍登记表

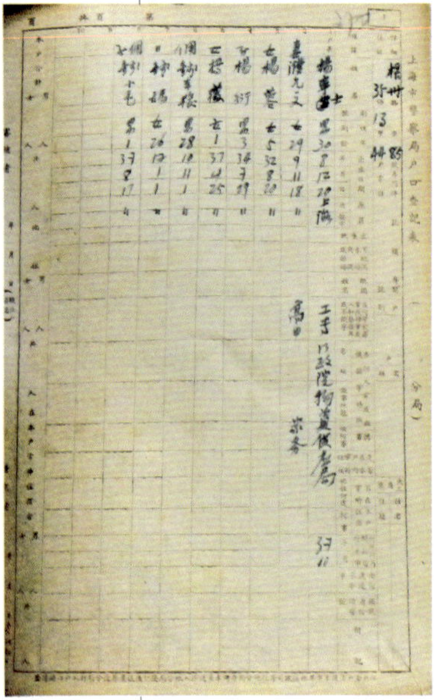

太大差距。但苏北籍人员中，职业两极分化较明显。流动商贩、体力劳动者和失业人员中，苏北籍占到了80%，并且以三轮车夫、码头工人等职业为主。但此类职业并非是该居住小区的主体人员。

春阳里周沿居民以中小学文化水平为主，该部分户长所从事的职业基本是个体商户和职员。失学户长所从事的职业基本是比较底层的，如三轮车夫、码头搬运工等。文化水平的高低基本上决定了该户的居住条件、生活品质和社会地位。

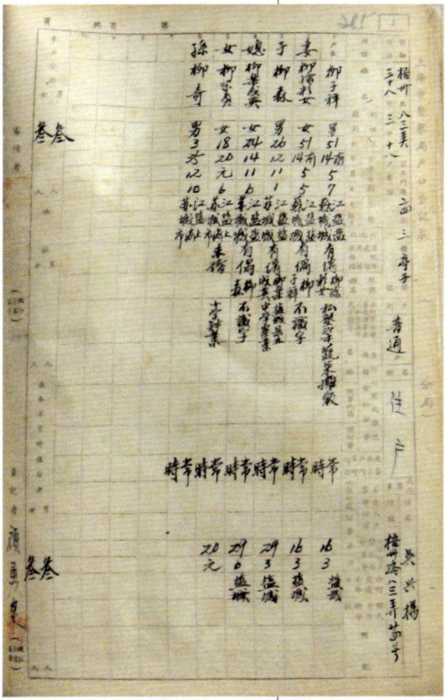

1948 年梧州路 83 弄亭子间住户户籍登记表

该抽样中户长学历最高的是梧州路 85 号，户长学历为工专。该户长就职于行政院物资供应局，妻子在家中掌管家务。家中住房条件为抽样中最好，整幢楼居其一家，家中常住人口 8 人：夫妇 2 人、子女 3 人，用人及用人之子 3 人。

与之相对应，抽样中居住密度最为拥挤的是梧州路 83 弄。根据户籍档案记载，所谓的“83 弄”即是春阳里 83 号，原为一幢大房，在该房内共居住了 11 户，亭子间、阁楼、过街房间都有租户居住。正是由于这种极其拥挤的“群租”状况，83号被称为83弄。弄内的11位户长中，2人是小学文化水平，其余9人为不识字。而条件最为窘迫的83号的亭子间住户，户长不识字，处于失业状态，一个小小亭子间就居住了其全家6口人，其居住情况可见一斑。

见微知著，时至今日，春阳里不仅在地块形状、建筑格局基本维持原状，保留了上海城市化进程中土地开发利用形成的城市肌理。更重要的是其居民的多样性、丰富性等，再一次从侧面印证了20世纪三四十年代，春阳里周沿五方杂居的社会形态、热闹非凡的市井商业景象和多元化的城市演变脉络。

俯瞰下的春阳里

上海电气公司经营始末

杨 琰

1882年，英国商人在上海公共租界创办上海电气公司（Shanghai Electric Co.，以下简称“上电”），催生了近代上海新兴电力产业的诞生。该公司在投资办电的12年中，拥有直接引进、使用美国布拉什电气公司（Brush Company of Cleveland Ohio）电气设备的专利权，又获得专营公共租界电力照明业的特许权，使上海与当时欧美国家基本同步，跨入电力能源时代①。但公司在实际经营中举步维艰，实现城市电气化程度相当有限，先后经历了1888年改组、1893年被工部局收购，最后走上公

① 各国电气事业，考其沿革，1875年巴黎北车站为世界城市中采用弧光灯最早之一处；1882年1月，伦敦之霍而蓬高架路（Holborn Viaduct）发电厂最早采用白热灯。同时美国纽约城之珠街（Pearl Street）发电厂亦于是年9月完成。其在吾国则发源于上海，于1882年始。参见陈中熙：《三十年来中国之电力工业》《三十年来中国之电力工业》，载中国工程师学会：《三十年来之中国工程》，华东印书馆1948年版，第1页。

营道路。

筹设：西方经验下的本土商业投资

1882年4月，上海公共租界前工部局总董罗伯特·立德禄（Robert W. Little）向工部局申请引进美国布拉什电气公司的电力照明技术，在公共租界投资办电。该申请在得到工部局同意进行路灯网试验的答复后①，立德禄与狄斯（C. M. Dyce）、罗尔（E. H. Low）、魏特摩（W. S. Wetmore）等在沪洋商于同年5月登报招股。公司招股消息一出，"中西之人皆踊跃而起，唯恐有限公司早为捷足先登占尽。买股不得之人，遂不惜重价，以转购之"②，"500股面值100元的股票有近8000人争购"③。立德禄等公司股东成功筹资5万银两，成立"上电"，引进布拉什电气公司的电弧灯系统，并迅速向工部局递上投标书，申请以每年15000两的价格为整个公共租界提供电力照明④。

"上电"的筹设与电力技术的引进是近代西方人在上海租界的一项商业投资行为。自1840年上海开埠以来，西人一直是用商业的眼光来审视它的价值和发展前景。19世纪后期，西方电力技术的发明与应用的成功经

① 上海市档案馆编：《工部局董事会会议录》第七册，上海古籍出版社2001年版，第779页。

② 《论争买电灯股票》，《申报》1882年6月20日，第1版。

③ *The North-China Daily News*, May 19, 1882.

④ 《上海公共租界工部局年报》（1882年），上海市档案馆藏，档号：U1-1-895。

验、近代上海租界西人的社会生活环境，以及城市发展的潜在需求，让当时不少洋商看到了在沪投资电业的商机所在。

一方面，西方电力科技的重大革新、应用与传播之路，为近代上海公共租界电力产业的兴起提供了有力的经验模板与技术支持。另一方面，当时上海本土社会环境对电力产业投资有着较大的市场需求与盈利空间。其中包括亟待改善的沪上夜晚道路昏暗状况、租界西人对电力应用的期待以及洋商对电力市场的盈利预期。

“上电”的创办者与经营主事者罗伯特·立德禄作为前工部局总董，在履行了简单的登记和营业手续后便成立了公司。1882 年 7 月 26 日晚 7 时，15 盏电气路灯在公共租界道路首次试行。①据报载，灯光“光明竟可夺月”，“十丈高擎晶彩绚，致令地火千万枝”②，“蜂拥而至的市民啧啧称奇，预示着上电无与伦比的成功和整个租界光明夺目的未来”③。

1882 年，布拉什电气公司专门派工程师费普斯（Phipps）来沪，协助“上电”选择厂址和安装设备。同年底，“上电”买下了南京路江西路口的老同孚洋行院落仓库，创办了上海也是全中国第一家电厂。1883 年 2 月，公司将电厂搬到西临苏州河支流的乍浦路仓库。该仓库较大，离水源很近，又在负荷中心，确实是很理想的厂址，内装 2 台发电机，1 台 16 盏（800 V × 9.5 A），

① *The North-China Daily News*, June 30, 1882;《试燃电灯》,《申报》1882 年 7 月 26 日，第 2 版。

② 《电灯行》,《申报》1882 年 7 月 30 日，第 3 版。

③ *The North-China Daily News*, July 28, 1882.

上海光电公司斐伦路电厂

斐伦路电厂发电机房

另 1 台 24 盏（1350 V × 9.5 A），1 台蒸汽机与 1 台锅炉。1883 年初，“上电”正式投标马路的电力照明权。

竞争：煤电在公共照明权中的技术角力

作为商业性质的股份公司，“上电”成立后无法避免地卷入了本土激烈的市场竞争中，首当其冲的，便是煤气公司。当时，同为舶来物，煤气作为光源与热源在上海发展已有近 20 年的历史①，大英自来火房（又称“上海煤气公司”）凭借成熟的设备、稳定的技术和相对低廉的收费，获得了租界照明的专营权。煤气公司目睹“上电”动摇了自己占据租界能源市场的垄断地位，以及自身照明权将被不断分夺的趋势，采取了一系列措施来保障公司的权益。

一方面，鉴于工部局直接决定市政建设中煤气公司的市场份额，“恩威并施”同当局斡旋。煤气公司一面历陈自己多年来“为租界提供照明，给公众带来好处”的功劳和苦劳；一面又要求工部局对自身因为“上电”的分夺所造成的经济损失予以补偿。

另一方面，对煤气的一般性收费进行周期性降价，试图以低廉的煤气售价挤垮“上电”。自 1881 年 1 月 1 日起，自来火房一改近 10 年来拒绝降价的态度，致函工部局，决定将公共路灯的煤气价格从原来的每月每盏 5 元降至 3.5 元。1882 年 4 月 1 日，又将公共路灯的月度收费降至 3.3 元，同时对一般的点火、熄火、清洁、维

① 上海公用事业局编：《上海公用事业（1840—1986）》，上海人民出版社 1991 年版，第 21—25 页；《上海租界志》编纂委员会编：《上海租界志》，第 373、374 页。

修都予以免费。公众所用煤气价降为每千立方英尺 3 元。“上电”成立后，煤气公司更为积极地增添设备，改造并延伸输气网管，还提供各种优惠打折来拉拢私人用户，与此同时实行了大大小小不下 5 次降价。

面对煤气公司咄咄逼人的进攻，新兴的“上电”冀望依靠产业技术优势，辅以报章舆论、广告宣传等举措来竞争市场份额。19 世纪 80 年代初，15 盏电气路灯首次试行引发社会民众广泛关注，《申报》刊出专文《电灯详考》，向世人揭示电力照明的技术原理，进一步扩大了影响。除此之外，“上电”创始人立德禄的特殊身份，亦使得这种舆论宣传变得更加猛烈。由立德禄担任主编的《字林西报》，在“上电”成立之初，对公司的发展不遗余力进行追踪报道，并结合欧美国家城市电力照明系统应用的成功经验，连篇累牍地为公司“加油”“称好”，盛赞电力照明的普及，及其作为新兴产业的美好现状和前景：

> 上海电气公司无疑将取得成功，在上海它注定将掀起照明领域中的革命……我们获知，电力照明在欧美迅速普及，单在纽约，布拉什电气公司 2000 支光的电气路灯就已经超过 1000 盏，每盏彻夜燃点 8 小时，每晚收费 1 美金。在一些西方城市的街道已经全部使用了电力照明，这种趋势在迅速地向其他城市蔓延。如今已有近 100 家布拉什电气公司遍布美国各个城市。城市道路的弧光灯系统较之于煤气灯，花费更为低廉，光源更为优质。①

① *The North-China Daily News*, May 12, 1882.

1883年的煤电竞争中，“上电”凭借更好的“性价比”优势，以35盏电灯替代155盏煤气灯的竞标方案，击败了煤气公司新增62盏布雷式新路灯的投标方案，赢得了从外滩到泥城滨的南京路，从洋泾浜到黄浦花园的外滩，从黄浦花园到汇山路的百老汇路这三处地区的公共照明权，分到了公共照明市场上的第一杯羹（参见表1）。

表1 1883年上海电气公司与上海煤气公司竞标南京路、外滩、百老汇路地区公共照明权方案比较

方案方式	照明数量	分布	亮度	燃点时间	价格	照明方案
电力	35盏弧光灯	南京路：10盏 外滩：10盏 百老汇路：15盏	2000支烛光	全年通宵点燃	5两/盏/周	取代外滩的38盏、南京路的28盏、百老汇路的31盏，以及外白渡桥的6盏，三条马路的一些小路拐角处的52盏，共155盏80支烛光的煤气灯
煤气	62盏布雷式煤气灯	南京路：16盏 外滩：22盏 百老汇路：24盏	120支烛光	从黄昏至午夜	8.5元/盏/月	新增62盏布雷式煤气灯

资料来源：上海市档案馆编：《工部局董事会会议录》第八册，第489、491、495、505、506页；《上海公共租界工部局年报》（1883年），档号：U1-1-896。

正如当时《申报》所记载的那样，“大马路、黄浦滩、虹口至下海浦三处地方或用电灯或用地火均当议定。此三处皆系要道，往来繁多，自宜格外焜耀，即电灯价目与地火相载相去亦属无几，倘能用电灯则便益，为何如耶”①。

继而，“上电”在打破煤气垄断公共照明市场的基础上，再接再厉，迅速拓展业务，取得了不俗业绩。1884年，“上电”分别在广东路、福州路、汉口路、九江路、南京路、宁波路、北京路新增25盏电灯，替代了99盏煤气灯②，于该年7月7日启用，从黄昏点亮至黎明，使

虹口港上有恒路桥（今余杭路桥）因毗邻发电厂而俗称“点灯桥”

① 《重灯复燃》，《申报》1883年2月23日，第2版。

② 上海市档案馆编：《工部局董事会会议录》第八册，第567页。

2000 支光的电气路灯总数增至 60 盏。与此相对应的是，煤气路灯数则由 1882 年的 530 盏降至 1883 年的 398 盏和 1884 年的 307 盏。1889 年，“上电”又以价格优势在煤电竞争中胜出，获得熙华德路段的照明权。①

至此，“上电”奠定了近代上海电力产业在公共照明领域的最初规模。至 1893 年“上电”出售前，公共租界的公用道路照明形成了在主干道大约 9 英里的街上遍用电力照明，小路及道路拐角约 20 英里的街道使用煤气灯，剩余 14 英里无照明设施的基本格局。

改组与出售：本土经营窘境下的公营转型

“上电”在创设的头两年时间里，产业发展颇为顺利。但在此后直至 1888 年 4 年多时间内，电力照明份额却就此停滞不前，其业务发展速度也颇为缓慢。经营电力产业的“上电”也几经易手，先后经历了 1888 年的改组和 1893 年的最终出售。

事实上，正是“上电”在本土经营中的缺憾，包括公司的实力及其所承建的照明工程质量，成为制约产业发展的关键之所在。一是公司人单力薄，建制很不完善。公司组织管理散漫，不仅股东投资人员松散且不稳定，公司也缺少合格的技术人员。当初“上电”的成立，可以说完全是由立德禄牵线搭桥，股东投资人皆是闻风逐利而来，根本不参与公司的实际管理。公司改组前的业

① 数据来自对应年份的《上海公共租界工部局年报》，上海市档案馆藏。

务都由公司秘书立德禄个人出面打理。二是技术故障迭出，事故连连。“众目昭彰”下，不仅电灯光线“不能十分光耀”①，道路“两边或转弯地方或有不及”②，还经常出现故障，一般一两盏灯通宵不亮亦是常事，而出现故障后往往需要相当长的时间修复。更有甚者，公司电力设备简陋到根本不足以支撑60盏公共路灯的照明，致使夜晚整条线路的电灯不亮，道路陷入一片黑暗之中。这也引发了不少市民和煤电公司的不满，一时间要求恢复或新增煤气灯的诉求不断增多。

“上电”营运实力欠佳、事故接连不断的状况，遭到了作为市政管理者的工部局的监督和工程质量的把关。1882年工部局在与“上电”所订立的首份照明协议中，就对电力设施从发电、输电到放电质量作出明文规定和要求，其中明确提出诸多限制条款，如“任何电灯在夜晚因故障停止照明半小时以上，每盏灯每晚罚款1墨西哥元”③等。此外，工部局还专门聘请电气技师，通过抽查方式监督电气照明的质量，确保每盏灯每月测试一次。

在面对电力故障时，工部局更是行政勒令“上电”立即修复技术故障，更换不合格的设备装置。1884年整个下半年，由“上电”所承建的一整条包括31盏电灯的电力照明线路屡屡陷于崩溃的窘境。“上电”在接到工部局责令整改通知后，一面新添新设备，一面加紧安抚工部局董事会和纳税人会议，最终勉强保住了60盏灯的照

① 《电灯近闻》,《申报》1883年7月15日，第2版。
② 《电灯述闻》,《申报》1883年7月26日，第2版。
③ 《上海公共租界工部局年报》(1883年、1884年)，上海市档案馆藏，档号：U1-1-896、U1-1-897。

明合同。

但“上电”无法人资格的缺陷使得续签新的照明合约已不再可能，电力照明产业份额停滞不前，至1888年，刚上市时面值100两、市值达160两的股票，只剩下3.5两，形同废纸。[1]在此情势下，1888年7月31日后，立德禄正式离职。董事长魏特莫（W. S. Wetmore）为延续公司经营，重新招募股本，以2万银两收购原公司，改组为新申电气公司（New Shanghai Electric Company），7月27日登报招股，由凯姆浦贝尔（R.M.Campbell）出任董事长，入局主持公司事务，10月25日正式办理移交手续，11月1日起继续履行与工部局签订的现行路灯合同。

改组后的“上电”仍未摆脱困境，其盈利空间和产业发展空间仍受到煤气灯竞争的挟制。股东投资的热情也因此消退，改组后的新申电气公司的股票已不再炙手可热，甚至在社会公开发行时未能募齐。[2]而在“上电”履行了6年公共电力照明合同期间，电气路灯在大马路上的照明效果未能体现出“以一代四”的技术优势，工部局由此恢复了煤气公司在部分地段的照明权。

为挽回局势，新申电气公司一度从英国引进新式户内交流白炽灯设备，并打入民用市场，为企业发展带来生机。可惜好景不长，1892年煤气公司董事长珀尔登（J.G.Purdon）当选为工部局董事会董事长，在政策上有所倾斜，使工部局与“上电”的关系演变成为煤电竞争中的另一政治战场。最典型的事件是，珀尔登以白炽灯

① 《1887年1月9日各股市价》，《申报》1887年1月13日，第9版。
② 《新上海电气公司》，《申报》1888年8月14日，第10版。

电力照明系统造成架空电线格局混乱为由，要求“上电”尽快将输电线改成地缆。这严重挟制了公司业务的发展，对企业的生存可谓雪上加霜，终成压垮公司的最后一根稻草。

1893年6月，工部局对“上电”的收购计划正式提上日程，授权工务委员会对电气公司的收购事宜做出必要的安排。最终以80519两白银的收购价，于同年9月1日正式接管上电，成立了工部局电气处（Electrical Department of Municipal Council），开始了为期近36年的自营公共租界电力事业的历史。

结语

一方面，作为经营近代上海电力产业的领路人，“上电”从筹设、成立、发展，到改组、出售的沿革历程，正是上海电力产业兴起与初期发展的过程。在这个过程中，产业的发展明显地打下了“西方印记”。近代上海电业的兴起从筹设到实际经营，完全是在租界的文化土壤中，移植英美国家电力产业在市政建设中的路径发展而来的。工部局收购“上电”的初衷与其后的经营管理方式，亦是参照英美国家电力产业经营与管理模式的经验，开始全面推动公共租界电业的规模之路。

西方经验成就了洋商在上海租界投资办电的契机与模板，使其能够直接引进电力产业技术，在独占公共租界电力产业经营权的优势中，初步奠定近代上海公共租界照明领域电气化的基础。这也反映了上海城市现代化进程与西方化是密不可分的。

另一方面，“上电”本土的实际经营中，不可避免地受到同业竞争、政商利益角逐、政府监管与自身经营策略等诸多因素的影响。其中，贯穿始终的煤电经营之战，挟制了“上电”的盈利空间。与此同时，公司在技术应用建设初期，为适应上海本土的建设条件，需要大量的试验工作，难免过程迂回、重复建设，这之中又耗费了大量的时间和资金，造成产业营收不足，从而影响股东投资扩大再生产的热情。对此，洋商出于在“殖民地”商业投资盈利与规避风险的诉求，把经营策略放在有限的设备与技术的投资上，致使企业营运能力低下，产业基础薄弱，事故连连。在工部局的市政监管措施中，“上电”企图通过扩大供电需求来降低发电、输电成本的算盘落空，产业营运陷入危机，最终走上公营之路。

由此可见，电力产业发展初期“投资成本大，回报收益小”的经营压力与企业力求逐利而吝啬于投资而疏于管理的矛盾成为产业发展恶性循环的关键；而工部局作为公共租界市政管理者，起先站在维护纳税西人利益、服务租界侨民生活与生产便利的立场上，把控产业质量与市场份额，而后兼顾产业发展前景的利弊得失所采取的监管措施，成为产业经营模式从商办到公营的主导因素。应该说，近代上海电力产业得以起步，其主观动机与效果皆反映了西人对自身利益的诉求，影响着近代上海城市现代化曲折发展的进程。

揭秘宋氏老宅百年风云

黄亚平

在中国近现代史上，宋氏家族是一个令其他豪门难以企及、无可超越的特殊家族。这个家族以血缘和婚姻为纽带，将 20 世纪中国最为重要的政治人物孙中山、宋庆龄、蒋介石、宋美龄、孔祥熙、宋蔼龄以及宋子文等人联结在一起，通过直接或间接掌控国家政治、经济、军事权力和文化、道德等精神层面影响力，深深影响了 20 世纪中国历史的演变乃至世界局势的发展。直至今天，这种影响力依然绵延不绝。这个给时代发展打下深重烙印的家族，最初是怎么形成的？他们最早的住宅建在哪里？这所住宅有什么与众不同的地方？这所住宅里发生了些什么故事？这些故事与宋氏家族在中国的崛起有何关系？这所住宅后来的命运如何？

宋氏家族发祥地

1886 年 1 月，在美国度过 8 年传奇生涯后，宋氏家族的创始人宋耀如被美国基督教监理公会派回中国传教，受监理公会在华布道团负责人林乐知差遣，作为“试用传道”被派往苏州教区的昆山工作。

1887年10月，26岁的宋耀如与18岁的“大脚”姑娘倪珪贞结为夫妇。娶到倪珪贞算是宋耀如的福气，原来倪珪贞出身基督教世家，乃名门之后，父亲倪蕴山是上海伦敦会天安堂牧师，母亲徐氏的祖上是明代内阁次辅、天主教在华“三大柱石”之一、著名科学家徐光启。倪珪贞自幼接受西式教育，是一位不缠足的大家闺秀。

1889年是促使宋耀如命运发生转折的一年。当年4月，岳父倪蕴山去世；7月，长女宋蔼龄在昆山出世；他的父亲韩鸿翼也在当年去世。一时间宋耀如内外煎熬，首尾难顾。也许正因为此，他终于决定将考虑已久的计划付诸行动。1890年10月，监理公会在华布道团第五届年议会召开，宋耀如宣布自请降为“本处传道”，退出年议会。宋耀如决定定居上海。据倪氏后人说，因没有住处，他与妻子暂居苏州河北岸虹口美租界东有恒路朱家木桥一带的岳父母家。当时，倪家已从浦东川沙迁居于此好多年了，牛尚周夫妇也定居在这里。

淡出传教事业后，宋耀如虽然继续从事与教会有关的工作，主持主日学校的一个班，但他把更多的精力投入到了实业经营，在家开办了小型印刷厂为“美华圣经会”印刷《圣经》，利用自己的“海龟”背景为沪上新兴企业代理机器设备进口，后来还担任上海阜丰面粉公司经理。没多久，宋耀如便攒到了生平“第一桶金”。

大约在1891年至1892年间，宋耀如便在他岳父母的宅边，建起了自己的住宅——一座被称为中西合璧风

宋氏家族的创始人——宋耀如

格的两层楼居室，门牌号码为东有恒路628C，就是现在东余杭路530号的宋氏老宅。这所住宅的历史照片至今没有被发现过。美国作家埃米莉·哈恩（Emily Hahn，中文名项美丽）曾根据宋氏三姐妹的回忆对这所房子作过详细的描述：

> 宋在虹口的房子，体现了他的又一与众不同之处……这所房子坐落在绿色的田野上，周围满是枣椰树和其他上海地区少见的树种。前头有条小溪流过。房子的式样为多数上海居民选择的中西合璧风格的建筑……一座前院墙将第一个院子与那条小溪相隔，主要是为将孩子们的活动空间与小溪隔

离……房子的前部直接伸展至院子的后端，并分为四间大房间：一间是查理的书房，一间餐厅，一间中式客厅里有红木的桌子和结实的椅子，一间西式客厅里摆放着一架钢琴以及舒适的椅子和沙发。房间如上海人家的喜好都朝向南面。房间外是一个宽阔的平台，家人经常在户外用餐。底层后部是一些小房间，包括楼梯间和盥洗室。这两个小房间和楼梯都与众不同，楼梯通向楼上。楼上的四间卧室分别为：父母卧室、女孩卧室、男孩卧室和客房。楼上的后部是两间小房间和两间卫生间。卫生间里有精美的苏州浴缸，浴缸外饰有盘绕的黄龙，内壁为绿色釉面。备有冷水龙头，热水则由楼下烧好提上楼来。在虹口普遍使用电之前，取暖用煤气取暖器，许多在上海的外国人家里还没有这样高级的设施。卧室内的床与大多数中国人仍在使用的那种硬平板、木结构的床不同，而是舒适的带床垫的美式沙发床。

后头还有一座房子，与前面的房子以稍小些的院子相隔，包括类似仆人用房、厨房和库房等。在这座房子的后头，还有一个大菜园。查理喜欢在这里种种菜。

虹口宋宅是宋耀如夫妇最早的住宅，宋家第二代成员宋蔼龄、宋庆龄、宋子文、宋美龄、宋子良、宋子安均在此诞生、成长。1896 年，宋耀如的大学同学步惠廉去虹口宋宅造访宋耀如夫妇，见到了童年时期的宋蔼龄、宋庆龄和宋子文，对这所住宅也留下了深刻印象。1904

1891 年宋耀如与妻族倪家亲人合影

年 5 月，宋蔼龄从这里出发，由步惠廉夫妇陪同，远涉万里，赴美国南方佐治亚州梅肯市的卫斯理女子学院留学。1907 年 8 月，宋庆龄偕小妹宋美龄也从这里出发，由姨父温秉忠陪同赴美留学。1912 年，在这里生活了 20 年后，宋家从虹口迁居法租界宝昌路 491 号，此时，宋家从一个普通家庭发展到举世闻名的宋氏家族所需要的要素，已经基本具备。

孙中山革命活动秘密据点

宋耀如退出布道团定居虹口的时期，正是中国民主革命风起云涌、渐入高潮的时期。1894 年春夏间，孙中山偕陆皓东来沪上寻找上书门径，据冯自由著《中国革命运动二十六年组织史》记载："甲午春，总理偕陆皓东买舟北上"，抵沪后，"复结识陈廷威、宋耀如二人"。孙中山和宋耀如的出生、成长环境极为相似，两人都是广东籍，都有海外求学、谋生的经历，都信仰基督教，思想旨趣和价值观念基本相同，此次相识，两人都有相见恨晚的感觉，遂一拍即合，彼此引为同志。孙中山北上天津上书李鸿章失败后，折返沪上，直至同年秋通过郑观应设法代领到护照，离开上海赴檀香山，在沪上盘桓数月之久，其间，曾数次应邀入住虹口宋宅，三人在宋宅"屡作终夕谈"。1912 年 4 月，孙中山致函李晓生时回忆："宋君嘉树者，廿年前曾与陆烈士皓东及弟初谈革命者，廿年来始终不变……弟今解职来上海，得再见故人，不禁感慨当年与陆皓东三人屡作终夕谈之事。今宋君坚留弟住其家以话旧，亦得以追思陆皓东之事也。"宋耀如结识孙中山后，便开始参与孙中山领导的民主革命事业。

孙中山革命思想萌生于 1885 年，其时他在香港中央书院求学。当年，清政府在中法战争获胜情况下卑怯求和，孙中山闻讯甚感悲愤，后曾言："予自乙酉中法战败之年，始决倾覆清廷、创建民国之志。"孙中山将革命思想付诸实践，举动就是 1894 年 11 月在檀香山创建兴中会，而从孙中山回忆 1894 年在虹口宋宅与陆皓东、宋耀如"初谈革命""屡作终夕谈"来看，虹口宋宅的"终夕谈"显然是促使孙中山下决心将其革命思想付诸行动的重要动因之一。而实际催动孙中山决定于次年回国发动第一次武装起义的信号，也是宋耀如在 1894 年末在上

上海虹口东有恒路 628C 号宋宅原址——今东余杭路 526 弄 23—31 号、530 号一带

海发出的。可见，虹口宋宅是孙中山革命思想化为行动的见证地，是孙中山革命生涯中思想飞跃转折的一座里程碑。

广州起义失败后，陆皓东被清廷捕杀，孙中山亡命海外，开始了长达 16 年的流亡革命生涯。其间，为了会见同志、谋划和部署革命斗争，孙中山曾 7 次冒险乘船潜赴上海，其中数次登岸入宿虹口宋宅。如 1900 年 8 月 28 日，孙中山为策划南方六省独立事，自日本横滨乘“神户丸”轮船秘密抵达上海。8 月 29 日和 30 日“住在一个同志家里”，同行者“在东洋馆（即虹口日商经营的旭馆）投宿”。29 日在住所内会见内田良平、平山周。31

日约刘学询在船上密谈。9月1日离沪返回日本。这里所提的“同志家里”，据王耿雄考证，即为虹口宋宅。孙中山秘密来沪活动住在宋家，给宋庆龄、宋美龄留下深刻印象。宋庆龄在《我家和孙中山先生的关系》一文中回忆：孙中山流亡海外期间，“每次回国必然住在我家”。“那时我们年纪都小，记得父母当时告诉我们切不可向任何人提及此事”。宋美龄也曾在1988年7月所作《创新而不忘旧，前进而不忘本》讲话中说：“国父九十四年前革命创党，先严耀如公为总理密切伙伴，掩护同志，筹措经费，余家为秘密集会处所之一。”

辛亥革命前宋耀如和孙中山的革命同志关系始终处于秘密状态，当时极少有人知晓。1912年4月3日，孙中山卸去临时大总统职务抵沪，应宋耀如之邀住进宋家在宝昌路491号的新居，报界关注到这一动向，纷纷报道，至此，孙中山与宋家长达20年的秘密关系才首次曝光。当月，孙中山致函李晓生，亲自揭开了这段革命秘史。孙中山在函中这样介绍和评价宋耀如：“彼从事于教会及实业，而隐则传革命之道，是亦世之隐君子也。”“然不求知于世”，“而上海革命得如此好结果，此公不无力”。此后，宋家对孙中山的支持由幕后走向台前，宋耀如将留学归国的长女宋蔼龄推荐给孙中山担任秘书，后宋耀如担任孙中山主持的中国铁路总公司会计，宋蔼龄则主持外事。在沪期间孙中山将宋家当作自己的大本营，有很长一段时间食宿在宝昌路宋家。1913年8月，“二次革命”失败，宋耀如举家与孙中山一起流亡日本。当时，宋庆龄留学毕业正在归国途中，接到宋耀如电报后也折往日本，后与父亲、姐姐一起为孙中山工作，不久接替

左为宋氏老宅 526 弄 27—31 号二楼，右为老宅内部楼梯扶手

1917 年宋氏全家在宝昌路 491 号宋宅客厅内合影留念，这是唯一一张宋氏全家的合影

姐姐的工作，担任了孙中山的英文秘书，宋庆龄曾兴奋地对美国女友说，自己接近了中国革命的中心。1915年10月，宋庆龄不顾家人反对与孙中山在日本东京结婚。

辛亥革命前后宋耀如与孙中山的这段关系对宋家极为重要，虹口宋宅内发生的革命故事，对宋蔼龄、宋庆龄、宋子文和宋美龄的人生道路产生重大影响。没有这段历史，宋家在中国也许就是一个平凡的家庭，绝不可能成为后来那个举世闻名、对20世纪中国政治、经济、文化和社会发展乃至世界历史起了重大影响的宋氏家族。宋家的子女长成后，除去自己的作为以外，还通过婚姻关系，将影响中国历史发展的关键人物孙中山、蒋介石、孔祥熙等纳入了宋氏家族范畴，使其地位、作用和影响力达到巅峰。

产权诉讼风波

据考证，宋家大约在1912年二三月间迁居到了法租界宝昌路491号，迁居的原因可能是这所老宅的内外条件和周边环境都已不适应宋耀如的需求，毕竟那是一栋20年前建造的土楼，当时上海的发展很快，宋耀如也由一个被中国人看作是外国人、外国人看作是中国人的“不中不西”的华人传教士，逐渐被主流社会接纳，成了上海滩的社会名流。宝昌路491号位于法租界，住宅本身以及交通、安全等社会环境都要优于苏州河北公共租界的老宅。1917年宋家有一次难得的合家团聚机会，留下了唯一一张全家照，照片的背景应当是在客厅。这处住宅很有可能是租赁的，因为宋家在那里居住的时间不

宋耀如去世后，宋氏家族成员在孙中山宋庆龄居住的莫利哀路寓所合影

长，1918 年 5 月宋耀如因患肝癌不治身亡，当年倪珪贞率未婚子女迁居到宋耀如买下产权的西摩路 139 号花园洋房。

宋家迁居后，一直保留着虹口东有恒路老宅的产权。1913 年宋家流亡日本至 1916 年窃国大盗袁世凯毙命后陆续回国的几年间，倪珪贞、宋蔼龄和宋庆龄曾多次返回上海，其间革命同志和友人与他们的通信联系，不是寄往法租界宝昌路 491 号，而是虹口东有恒路 628C 的老宅，很可能虹口的宋宅一直由相邻的岳母家族的人照看，收发信件比较安全。

宋家迁到西摩路后，虹口的宋氏老宅一直被用来出租给住户收取租金。1937年日军侵占上海，宋氏家族成员陆续内迁或转往香港，实际上失去了对虹口老宅的控制，以至于抗战胜利宋家返回上海后，为收回虹口宋氏老宅的产权和处置权，费了很大的力气，甚至与当时的住户发生了一起诉讼案，最后依然没有完全成功。

原来宋家迁居后将虹口宋宅委托给宋子安的律师徐士浩经租管理，租给了一家香烟工厂。其间，东有恒路628C宋宅的门牌号码曾重新进行过核定，被拆分成东有恒路530号，526弄25、27、29、31号。日军占领上海后，虹口宋宅被日本海军复兴班攫去，委托日本居留民团管理，由日侨居住。汪伪政府成立后，虹口宋宅被转交伪上海市财政局管理经租。抗战胜利虹口宋宅一度

上海虹口东余杭路526弄31号

被作为敌伪产业接收，由协兴地产公司管理，后经宋家交涉，才由国民政府苏浙皖区敌伪产业处理局备案发还产权。

1946年初，宋子安委派律师去虹口宋宅现场查看，发现房屋年久失修，已破败不堪。5月8日，宋子安致函行政院分配上海各机关房屋委员会，言："东有恒路530号、526弄25、27、31号门牌房屋系其祖产"，"上述房屋现已陈旧，如不急行大加修缮，难免有倒塌之虞，业已委托工程师进行领照，不日动工"，要求该会"核准免除统一承租，以备进行修理工程"。宋子安未等该会批复，就安排进行房屋维修。维修过程中，宋子安被告知曾有一名行政院分配上海各机关房屋委员会林姓工作人员前去调查，称该屋系敌伪产业，按规定必须重新分配，要求停止房屋维修。8月9日，宋子安致函行政院分配上海各机关房屋委员会主任委员吴国桢，要求尽快核准其对祖产进行大修并免除分配的请求。8月23日，该会一名黄姓副主任委员批示派调查员关英杰督察调查处理此事。

关英杰奉命后迅即开展调查，于8月26日报告称：东余杭路——抗战胜利后东有恒路改名为东余杭路——526弄25、27、31号三户"系战前房客，始终未迁，持有业主协兴地产公司续订租约"。530号住户为合众鸡鸭行老板方昌扬，于6月底迁入，7月1日与协兴地产公司签订租约后开始装修。7月中旬，行政院分配上海各机关房屋委员会调查员林启云奉命对东余杭路一带七八十幢敌伪房屋进行调查，至东余杭路530号时，发现房屋正在大修，工程甚大，遂入内询问，得知此屋原系敌伪居住，即告以此屋属于该会重新分配范围，且租约订于7月1日有违该会章程，奉劝停止装修，以免无谓损失。后得知该屋系宋子安祖产后，当即填表登记后离去。次日，林启云赴协兴房产公司账房证实后，未再干预该屋装修，现已修毕。关英杰称，8月26日其一早赴江西路181号会晤宋子安的代表李冠儒，李告知他，宋子安8月9日的函系协兴地产公司账房转告该会派员视察情形而发，宋子安现已赴京，临行前“尚以催询贵会早日核准免予分配为嘱”。当日其返回单位后又质询了当事人林启云，林启云告此系其照章办事，初不知此屋为宋氏祖产，待方姓老板声明后，已“深悔代抱杞人之忧，为多事也”。关英杰的结论是：“综合以上情形，林同志系普遍挨册挨号调查，宋先生原函所陈系出误会。”9月初，吴国桢亲笔致函宋子安：“子安吾兄大鉴：8月9日大函敬悉，东余杭路530号及526弄25、27、31号房屋，既属香烟工厂并经敌伪产业处理局发还产权有案，自当免于分配。”至此，虹口宋宅的产权才算真正得到了落实。

落实产权惊动了吴国桢，落实使用权则惊动了法院。据上海档案馆藏上海地方法院中华民国35年度诉字4906号文书和上海高等法院判决中华民国三十六年上字第1535号文书记载，1946年12月25日，由于居住于东余杭路526弄29号的租户沈炳泉、沈志标、毛文海、陈宝海以及31号的租户严铸庚、金志良以拥有合法租约为由拒绝搬迁，宋子安以“东余杭路526弄29号及31号房屋系原告祖产……彼辈均与原告并无租赁关系，显属无权占用，侵害原告之产权”为由，将其告上民事法庭。

吴国桢致宋子安函

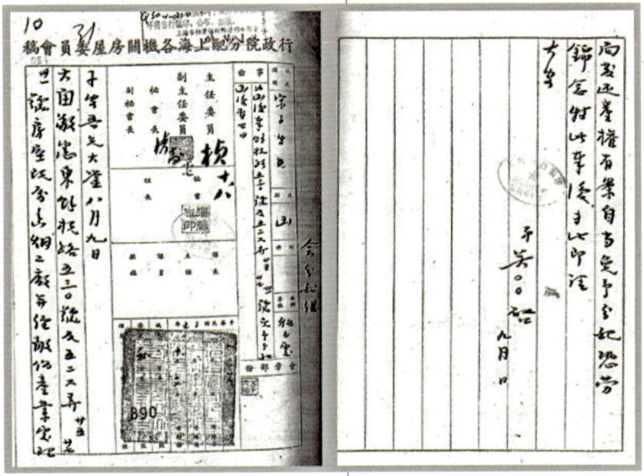
行政院分配上海各機關房屋委員會稿

案件正在诉讼时，宋子安查悉“另有被告施阿康、林治、李华萱，忽于最近分别占据东余杭路 526 弄 29 号及 31 号房屋”，遂于 1947 年 4 月 10 日将其追加为被告，合并审理。上海地方法院经过 5 个多月调查审理，于 1947 年 5 月 29 日作出一审判决：“被告等迁让出屋，并负担诉讼费用，以维护产权。对于迁让部分，原告愿提供担保请求宣示假执行，实属德便。”

但租住 526 弄 31 号的被告金志良、李华萱和林治对一审判决不服，聘请律师于当年 12 月 26 日提起上诉。李华萱诉称，其于 1935 年 3 月 8 日向被上诉人经租人徐士浩律师承租现东余杭路 526 弄第 31 号房屋，定期 3 年，至 1938 年 3 月 15 日期满，有期约为证。“八一三”事变时，其避居于旧租界内，命仆人金志良看守该屋，战事结束后，其复返回该屋居住。后虽赴内地服务，但金志良始终留守该屋。租界沦陷后，曾将该屋之一部借予内地逃沪难民居住。抗战胜利后，临时借予后方来沪接收之同事居住，但目前已全部迁出，并无顶让之事实。且于沦陷时期迫于环境，向伪市政府逾产管理委员会登记、立约、付租，足证并无不再使用该屋之意思。李华萱辩称，1938年租约期满时，上海邮局及各法院尚能行使职务，被上诉人并未通知或诉请迁让，显已同意延长租约，成为不定期租赁。被上诉人宋子安系党国要人宋子文之介弟，在本市旧租界置有花园洋房，其本人现在美国居住，目前系争之房屋，乃一非常陈旧之中式房屋，甚至连卫生设备亦付缺如，绝无收回自用之理，将来亦不过仍以转租他人为目的，并不能获任何巨大之利益。而上诉人则无辜遭受重大之损害。何况战争时期，上诉人代被上诉人照管房屋不无微功，同一地段之空屋，其门窗多为歹徒窃去。彼此相较之下，被上诉人受益匪浅等。上海市高等法院第三庭审判长高其迈、推事胡景清、卢重明经庭审后认定如下事实："虽据被上诉人代理人陈明，当时被上诉人业经迁避后方，无法通知上诉人迁让，但经租人徐士浩律师并未离沪，对于上诉人继续使用系争房屋，并未即时为反对之意思之表示。依照民法451条之规定，应视为不定期限继续期约，嗣后，该屋由伪上海特别市政府逾产管理委员会接管，上诉人仍向该会承租。"遂依据"民事诉讼法460条"，于12月31日作出终审判决："原判决关于上诉人部分废弃。被上诉人前废弃部分之诉及假执行之声请均驳回。第一、第二两审诉讼费由被上诉人负担。"看来，国民党的法院有时候也能讲理，身为党国要人之弟的宋子安，输掉了这场官司。

亟待保护的民主革命历史遗产

1949年随着人民解放战争的节节胜利，宋氏家族的成员，除了宋庆龄，其余或移居美国，或败退台湾。上海解放后，毛泽东、周恩来分别于6月19日、21日致函宋庆龄，邀请其北上出席新政协，共商建国大计，并派邓颖超、廖梦醒来沪迎接。宋庆龄曾以身体不适及北京系孙中山逝世之地触景伤情为由婉拒，并为其幼弟宋子安求情，称宋子安从未介入国民党政治，抗战胜利后也没有回国，希望发还其被政府没收的上海爱棠路（今余庆路）190号私宅，但未提及虹口的宋氏祖产。

新中国成立后，宋庆龄成为国家领导人，终年忙于国事，将全副身心投入到新中国建设之中，除亲自管理上海香山路7号孙中山故居和上海陕西北路369号宋宅外，未曾再为家族私产说过话、提过要求。

就这样，虹口宋宅连同它的经租管理公司一起，被收归国有，由虹口区人民政府房地局管理，与其他普通民宅一起，分配给民众居住使用。在以后相当长的岁月里，除了宋家和倪家的成员、亲友及其后裔、部分当地居民等少部分人外，很少有人知道虹口东余杭路530号及526弄25、27、29、31号乃赫赫有名的宋氏家族的祖产和发祥地，虹口宋宅被历史的尘埃给湮没了。

如今的虹口宋氏老宅，基本结构未有大的变动。查虹口区房地局资料，东余杭路530号及526弄内建筑，自上海解放至今，从未进行过拆建或大修。陈芝仙老太

2011 年 9 月 9 日上午，宋子安儿媳宋曹琍璇（前排左五）在参观上海虹口宋氏老宅后，与陪同人员在老宅前合影，左四为作者

系东余杭路 526 弄 31 号居民，是这一片建筑物的历史见证人，她清晰记得，她家于 1947 年迁居此屋，是其父亲与宋子安代理人签的租约，房屋 60 多年来没有大的变化。周边的居民也都声称，听闻上辈老人讲过，此地乃宋氏家族的祖屋，虽已极其破旧，但建筑内外结构没有大的变动。

很幸运，虹口宋宅历经百年风雨沧桑和政治变幻后，依然存在。2011 年 9 月，笔者曾陪同来沪参加学术活动的宋子安儿媳宋曹琍璇女士赴虹口东余杭路宋氏老宅考察，在里里外外仔细查看一番后，宋曹琍璇女士说，虹口宋宅虽是宋家祖产，但更是民主革命历史的宝贵遗产，希望相关的政府部门负起历史责任来，将宋氏老宅保护好，因为这里不仅是宋耀如早年投身民主革命事业的见证地和宋庆龄等宋氏三姐妹出生、成长、走出去留学、学成归来报效祖国的出发地，更是民主革命先驱孙中山先生留有重要足迹的地方。她表示，作为宋家的一分子，她将发起筹建宋耀如基金会，为虹口宋宅的文物保护和宋氏家族的研究工作尽一份力。

朱家木桥『宋家圈』：追寻北外滩的人文线索

王启元

黄浦江与苏州河交汇的北岸虹口区域，现今以“北外滩”之名成为整个东海之滨最火热的土地。这片南望二水、地势绝胜的狭长滨江地带，也是上海近代化进程的最前沿。1843 年上海正式开埠后，黄浦江沿岸陆续设立租界，稍晚于英国人到来的美国人发现，同属上海县的苏州河北岸，有一片未开发的区域，尤其此地有虹口港下通黄浦江，上溯还可达江湾、吴淞，为开埠经营的尚佳选择。传说其中一位传教士：文惠廉（William Jones Boone，1811—1864）牧师，很得到时任上海道台在此设立租界的许可（实际历史要复杂漫长得多），北外滩便在 19 世纪的 40 年代末，全速驶入了属于自己的发展轨道。

未曾遗忘“朱家木桥”与“宋庆龄出生地”

在北外滩黄浦江河道北仅 1 里地的位置，民国之前曾有一条平行于黄浦江的小河港，东西贯通虹口港与杨树浦港两支水系，河名叫“新记浜”，西自虹口老街西侧的“里虹桥”（位置在今东汉阳路桥），河道分别为今虹口区西安路、唐山路、昆明路等。新记浜流经当日的东新记浜路（今新建路）时，有一座木桥跨此路两岸。历史上的新记浜与路似乎都没留下太多印记，不过浜上的那座木桥要有名得多。桥名“朱家木桥”，大约之前这里有过一户姓朱的大家在这附近，位置即今新建路唐山路口。然而因一户近代史上重要的家族的入住此厢，“朱家木桥”在近代回忆录中成为高频词。

朱家木桥北有条东西走向的东有恒路，路上的民宅住了一批新教教会的神职人员。最早来沪发展的新教教会英国伦敦会（London Missionary Society）一位华人神父，将他的家眷搬到了朱家桥一带，他的二女儿出嫁后与任监理会（Methodist Episcopal Church）传道的女婿同住在这里，后来他的外孙辈走出了中国近现代史中响当当的名字：宋庆龄、宋美龄、宋子文等。他们的外祖父、伦敦会最早的华人牧师之一倪韫山（1837—1889）是川沙人，咸丰八年（1858 年）22 岁的倪韫山由伦敦会传教士慕维廉（William Muirhead）于老天安堂施洗加入教，12 年后的同治九年（1870 年）成为牧师。作为“麦家圈”的重要华人牧师，在英国人新建新天安堂、并将山东路老堂赠予华人传道后，正是倪韫山等负责接管；20 世纪初天安堂自立后，其幼子倪锡纯又出任首任堂议会会长，在日后翻修老堂的事业中，倪家诸婿更是慷慨解囊。可以说，倪韫山家族可谓伦敦会“麦家圈”最重要的华人柱石。1904 年，伦敦会还把之前麦家圈的“麦伦书院”迁至朱家桥倪家东北面的兆丰路（今高阳路），使得北外滩成为伦敦会又一重要的聚集区。

倪韫山的夫人倪徐氏，据载为晚明天主教奉教柱石徐光启的后人，其父为徐光启八世孙徐士荣，士荣的材料非常有限，现今可以从《民国上海县续志》找到他的传记，知道他在太平军围上海时为救济难民，散尽家财，最后贫病交加，撒手人寰。上海与川沙旧志书中载士荣的夫人为川沙俞氏，30 岁夫亡后守节 50 年，这么推算倪韫山于光绪十五年逝世时，他的丈母徐俞氏当尚在，不过没有任何证据这位俞太夫人晚年曾跟随女婿生活。倪韫山与倪徐氏共生十子女，但夭折 5 人，长大的孩子是二男：锡龄、锡纯，三女：珪金、珪贞、珪姝。倪家二代的出生地有两说，一说全部出生于老家川沙，一说则

宋嘉树、倪珪贞夫妇及子女

为老县城；不过可靠的是他们后来都来到了朱家木桥生活。倪家三女分别嫁留美归来的牛尚周（江苏嘉定）、宋嘉树（海南文昌）、温秉忠（广东新宁），其中牛、温不仅是表亲，还分别是晚清第一及第二批留美幼童成员。当然，他们之中日后影响最大的无疑是二女婿宋嘉树。

其实，新婚的宋嘉树一开始并不那么顺利，不仅不怎么会说国语与上海本地官话的他，在监理会的传教生涯也不太顺利，他与著名的监理会传教士林乐知（Young John Allen，1836—1907）不睦，并最终辞“巡行传道”，改“本地传道”，放弃教会薪水。不过他终生为此不安，甚至希望自己的儿子能继承传道事业。转而投身实业的宋嘉树，竟在印刷、面粉等领域斩获颇丰，一下子从普

宋宅，这里外墙立面已有所改变，但建筑主体架构依然保持原样，这在 19 世纪晚期属于豪宅的规模；宋宅也是孙中山早期秘密活动的据点，宋庆龄最早就是在这里见到孙中山（2015 年笔者　摄）

通的传教士成为一方巨贾。原先仅得与丈母（时丈人倪韫山已殁）及连襟（牛家）麇集倪家老宅的宋嘉树，在长女霭龄出生后的1890年左右，于朱家木桥老宅后兴建全新的豪华住所，这里也诞生了一群影响中国近代史的宋家人。

当然，朱家木桥的出名还因为一则学术上的争论：宋庆龄的出生地究竟在哪里。自20世纪80年代宋庆龄逝世之后，关于其出生地的争论，就在虹口朱家桥与浦东川沙镇、甚至南市咸瓜街等选项中激烈展开。通过近

《虹口宋氏老宅及宋庆龄诞生地史料与研究》为此研究重要的资料汇编

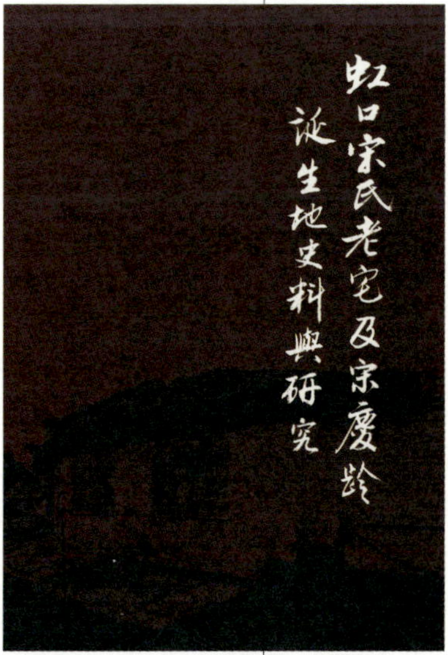

代史界、宋研会及地方史志学者的不懈努力，基本可以确认答案就是虹口宋宅。川沙说的佐证多出自晚辈乡人的回忆，其中以黄炎培回忆影响最大，但那些碎片化的回忆被传世文献证实多为空穴来风。宋嘉树、倪珪贞夫妇，及其上辈倪、徐及再上辈徐、俞伉俪之中，有非常浓厚的川沙色彩，三代之中大多数人都有相当的川沙生活经历；这些“交错记忆”后来纷纷被移植到了更有影响力的下一代如庆龄的身上。

当然，论证北外滩朱家木桥宋宅为宋庆龄及其兄弟姐妹的出生地时，不仅有前人整理地契、档案、生平材料甚至口传文献的佐证，这背后还有一段重要的因缘，倪宋家族并不是孤立的家庭，他们周围有一个虹口精英人文圈，而宋家还位于整个圈子的核心位置，这无疑是川沙所不具备的。

虹口的“宋家圈”

朱家木桥“宋家圈”一说，借用伦敦会“麦家圈”的提法。19世纪中叶第一个进入上海传教的新教团体伦敦会的麦都思牧师，在山东路上创办教堂、医馆、书院后，因名“麦家圈”。朱家桥宋家当然未参与太多本地公共设施的创建，“宋家圈”一说只为揭示倪宋家族非同一般的北外滩姻娅圈。

“宋家圈”不仅有具体的人群，也是一段因缘；这段因缘之中，有英美基督教新教团体的入华传教史，中西交流史，也有北外滩本土精英的成长历史。朱家木桥的“宋家圈”最早的成员，是川沙倪家儿女与他的女婿们；

倪家后代中锡纯继承乃父韫山遗志，在教会中继续工作。三位女婿中，牛、宋两位在朱家桥安家，太夫人倪徐氏在倪老太爷逝世后先住在牛家；宋宅新建后住到了宋家。与宋家一样，牛家也极其注重孩子教育，尤其牛尚周在美国留学时曾希望能做医生，但由于自己公派身份身由不得自己，所以将学医理想寄托在子女身上。牛家两子两女：惠霖、惠生、惠珠、惠珍后来全部送出国深造，学成归国后行医从教，报效国家。牛宋两家的妹夫温秉忠，似乎长期都在漂泊，曾在南京出任暨南学堂（后暨南大学）的学堂总理，并多次带国内考察留学团赴美，正是这位小姨夫的亲自护驾，宋氏三姐妹于1905年、1907年分两次从朱家桥赴美留学，才让家里人放心。

朱家木桥不仅住着倪宋牛家的姻亲，附近还有不少知名的教友邻居。倪家后人回忆，他们家对门就是美国圣公会的吴虹玉牧师家，甚至他们日后也成了亲戚。吴虹玉是虹口美国圣公会（Episcopal Church in the United States of America）“华人三杰”之一，13岁从常州老家来到圣公会学堂求学后赴美，读书工作之余，还有幸成为美国南北战争史上第一位、可能也是唯一一位参战的华人。9年后回国的吴虹玉，加入圣公会传教工作，并成功开拓了虹口江湾的教区。不过吴牧师最大的贡献，是为虹口建造了上海最早的西医医院“虹口医馆”，即日后的同仁医院；在圣约翰学院改大学后，同仁医院内同时设立了圣约翰大学医学院。前述牛家兄弟惠霖、惠生就是这里毕业沪赴美继续学医深造的。

“三杰”中的另两位：黄光彩与颜永京及其家眷，其实住得也不算远，就在新记浜入虹口港西岸的文监师路上（今塘沽路）美国圣公会老救主堂附近；他们两位担任前后担任救主堂华人堂牧超过30年。黄、颜两家在教育与社会活动方面作出卓越的贡献，黄光彩女素娥为圣玛丽亚女校首任校长，嫁圣约翰校长卜舫济（Francis Lister Hawks Pott），而圣约翰学院得以成立就有颜永京的汗马功劳。从虹口塘沽路走出的颜氏一族后人，在近代史上有其特殊的地位，堪比他们的朱家桥宋、牛氏的邻居们。

颜永京长子锡庆与他一样留学美国建阳学院，次子志庆哥伦比亚大学法学毕业，三子殇，四子惠庆弗吉尼亚大学毕业，五子德庆留学美国理海大学毕业，日后著名的铁道工程专家，女庆莲，毕业于弗吉尼亚斯图亚特霍尔学校（Stuart Hall School）；尤以北洋政府总理、知名外交家颜惠庆成就最高。甚至惠庆于北美任外交官时，本与宋家长女霭龄过从甚密，不过后来因颜奉调回国而告终。颜永京幼妹所嫁东吴大学创始人、嘉兴曹子实，则为宋嘉树的监理会同事，据说还教过宋吴语官话；曹颜所生二子中，有日后协助宋嘉树成立基督教青年会的曹雪赓，以及更有名的清华大学校长曹云祥。另一女芳芸，是中西女塾（McTyeire School）最早的学生，宋氏姐妹的同学，又与弟云祥及宋家庆龄、美龄一同留美。这个松散的北外滩名流圈，无疑是近代中国最重要的人文聚集地之一；包括宋庆龄在内宋家子弟出生在此，则无疑较川沙更有其合理性。

余论：作为纪念物的同仁医院

“宋家圈”的后代们在政治、文教圈的影响与成就已不用赘述，不过还有一个特别瞩目的现象值得一提：在现代医学方面，这群“宋家圈”后生们取得了极为突出的成绩。宋家的邻居及日后的亲戚吴虹玉，最早创办虹口医馆，后在美国圣公会的扩建下，成为同仁医院（St. Luke Hospital）与圣约翰医学院，这其中北外滩最早的开拓者文惠廉牧师的长子文恒理（Henry William Boone，1839—1910）在其中居功至伟。医学院最早的学生中，除了宋家圈的牛家兄弟外，还有一位在日后医学界的重要人物：颜福庆。

颜永京弟如松，娶吴虹玉妹，在江湾镇生下三子二女，福庆行二，但如松很快病殒，其子女由大伯永京及大舅虹玉抚养长大，吴家在朱家桥有住所，而颜大伯家在救主堂附近，少年颜福庆也是在北外滩宋家圈长大，

青年颜福庆像；从圣约翰医学院毕业后，颜福庆远赴美国耶鲁大学医学院继续深造

后在梵王渡圣约翰中学、圣约翰医学院继续求学，再回同仁医院担任实习医生。

与牛尚周同属第一批留美幼童的川沙曹吉福，育有三女一子，其长女惠英嫁倪韫山幼子锡纯，川沙曹氏遂在宋家圈同龄人中长了一辈。颜福庆所娶，为曹家二小姐秀英，三女美英嫁民国外交家史悠明。颜福庆遂不仅从邻居成为宋家圈姻娅亲戚中的一员，姐夫锡纯的姐姐珪贞、珪金，所诞的同龄子女，名义上都成了福庆的表外甥们。

颜福庆开创湘雅、上医的盛举大家都熟知；"宋家圈"的纽带之谊也为颜福庆的医学事业带去了莫大的帮助。1931 年夏倪珪贞病逝青岛，后人霭龄、子文等遵太夫人遗志捐出葬礼赙仪，交给颜福庆筹办全新的上海医事中心：上医与中山医院新址。当日政治地位如日中天的宋家有此善举，为颜福庆募缘创校大开方便之门，新上医建筑群也得以在 4 年后的 1936 年在枫林桥落成，落成剪彩时颜福庆也特意邀请了霭龄夫妇前来，既代表国民政府（孔祥熙时任行政院长），其实也有致谢"宋家圈"的味道。甚至，这年冬天在"西安事变"中摔断腰椎的美龄的先生，于次年春到新落成的上海中山医院就诊开刀，除了表舅颜院长外，两位表弟、骨科专家牛氏兄弟也赶来助阵。

说到那座走出多位现代医学界重要人士的同仁医院与医学院，于"八一三"淞沪会战后搬离虹口，辗转沪上各地，其建制在新中国成立后被拆开，圣约翰大学医学院并入震旦大学旧址内新建的上海第二医科大学（今上海交大医学院）；同仁医院则留在了长宁区。但是，当

牛惠霖、牛惠生像，及其共同创办的霖生医院；牛氏兄弟为中国近代医学界重要人物，并先后任中华医学会会长

牛惠霖

牛惠生

霖生医院

同仁医院旧址塘沽路、东长治路口
（笔者　摄）

年那栋老同仁医院建筑，在经历战火与岁月后，依然屹立在塘沽路、东长治路与南浔路的街口。

因外墙翻新及新增门窗，外部西式拱券、窗台已不复存在，但庆幸整体建筑架构依然是1914年落成时的样子。这所老同仁医院/圣约翰大学医学院旧址，是美国圣公会建筑群中唯一保存至今的大型单体建筑，甚至也是北外滩现存历史最悠久的近代建筑之一；与朱家木桥宋宅一样，这些老建筑在虹口发展史及中西交流史中，都有相当重要的意义，亟须实行有效保护。可惜现今虹口区文保“同仁医院”的牌子，被挂到了南浔路以西的老建筑上，且周边也正经历新一轮城市改造。但愿这座“宋家圈”与中国医学史上重要的原址，能够得到有效的保护，并在日后发挥其教育世人、以启未来的功能。

虹口越剧团史话

黎　犁

1979年5月，一个春风沉醉的晚上。海宁路乍浦路口的解放剧场门前，人群簇拥，热闹非凡。天色徐暗，华灯初上，《狸猫换太子》的演出海报分外夺目。被禁绝了10余年的越剧传统剧目终于又重新进入人们的视野，一个新的越剧演出团体也由此宣告诞生。

建团初期盛况空前

上海解放初期，全市有大大小小34个越剧团。虹口越剧团的前身是原飞鸣越剧团和东风越剧团。1953年，陆锦娟成立飞鸣越剧团并自任团长，1956年改为国营后由沈爱莲担任团长，长期在虹口地区各剧场演出。以屠杏花为团长的振奋越剧团也成立于1953年，1956年改为国营，1958年与艺化越剧团合并后改名为东风越剧团，由朱惠芳任团长，长期在原提篮桥区的东山剧场演出。1959年，提篮桥区与虹口区合并，于是虹口区就有了飞鸣与东风两个越剧团。“文革”开始后，剧团被迫停演，1971年两剧团均遭解散。

“文革”结束后，为丰富人民群众的文化生活，虹口区决定恢复越剧团。1978年10月，区政府拨款5万元，召集赋闲在家的原飞鸣、东风两个剧团的部分艺术骨干开始筹建工作。初创时期，剧团边筹建边演出。先是于1979年春节期间，以虹口区越剧演出队的名义，在区工人俱乐部和区文化馆，由朱惠芳、沈爱莲等老演员排演《见姑》《赠塔》《九斤姑娘》等折子戏，接着又由中年演员在国光剧场排演《盘夫索夫》。群众喜闻乐见，市场反映良好，于是就有了1979年5月的建团大戏《狸猫换太子》在解放剧场的一炮打响。同年9月，剧团又推出大型神话剧《云中落绣鞋》，同样得到了广大观众的追捧。1979年10月，剧团正式定名为虹口越剧团。

1980年初，著名越剧演员陆锦娟加入虹口越剧团。同年5月，由陆锦娟领衔主演的《盘妻索妻》在上海共舞台上演，受到观众热烈追捧。虽然是日场演出，居然场场爆满，连演两个月上座率经久不衰，甚至出现通宵排队购票、每人限购票数的热潮，一时盛况空前。

《沙漠王子》赢得声誉

随着上海市、区各级剧团的全面恢复，越剧演出市场开始呈现竞争局面，而此时虹口越剧团正为缺少头肩小生而犯愁。恰在此时，越剧尹派创始人尹桂芳将自己的弟子尹小芳引荐给虹口越剧团。1981年11月，著名越剧演员尹小芳、原芳华越剧团编剧陈曼加盟虹口越剧团，剧团实力进一步增强，决定重排尹派名剧《沙漠王子》。

为了精益求精，提高演出质量，完美呈现尹派艺术，剧团特聘著名越剧表演艺术家、尹派创始人尹桂芳担任顾问，并邀请上海昆剧团著名演员郑传鉴、上海戏剧学院舞美系教授徐渠为艺术指导，并由上海音乐学院副教授连波担任作曲，上海戏剧学院灯光系教授金长烈担任灯光设计、上海戏剧学院讲师秦忠明担任服装设计。在各方通力协作下，1982 年 1 月 25 日，《沙漠王子》在中国剧场首演，获得巨大成功。该剧连演 60 场，场场爆满，观众达 84079 人次，卖座为当时的全市之冠。尹派传人尹小芳的演出，不仅使尹派艺术重现风采，而且在继承中发扬、在传承中创新，给广大观众留下了深刻的印象。该剧的推出，使虹口越剧团赢得了声誉，影响也进一步扩大。

尔后，尹小芳在虹口越剧团边演边传，先后又带着中青年演员演出了《何文秀》《张羽煮海》《浪子成龙》《毛遂自荐》等剧目。同时，徐派小生丁育之主演的《玉观音》，尹派小生尹美娣主演的《芙蓉屏》《三闹喜堂》《盘妻索妻》等也都取得了不错的市场反响。

越剧新秀脱颖而出

为谋求剧团更好的发展，成立两年后的虹口越剧团开始着手人才队伍的培养和建设。1981 年 3 月，剧团开办学馆，10 余名女学员入馆学戏。同年 9 月，剧团会同静安、卢湾两剧团的学员委托市戏曲学校进行专业培训。经过一年半的勤学苦练，这批学员于 1982 年底返团，并立即投入了《沉香扇》的排练和演出。在前辈演员的精心辅导和自身的发奋努力下，肖雅、韩婷婷、王晓莹、胡蓓华等青年演员脱颖而出，逐渐成长为剧团的生力军和接班人。

1984年8月，上海电视台举办江浙沪越剧青年演员电视大奖赛。肖雅以尹派《沙漠王子·算命》韩婷婷以范派《梁祝·回十八》参赛，两人均获三等奖，王晓莹获鼓励奖。在同年底市文化局举办的青年演员会演中，她们又都获得了新苗奖。两次大赛后，肖雅、韩婷婷崭露头角，逐渐成为广大越剧观众所熟悉和喜爱的青年演员，随即挑起了剧团的大梁，并在不断的磨炼中日趋成熟。1986年9月，肖雅、韩婷婷、王晓莹三人又分获得江浙沪青年电视大奖赛二、三等奖，虹口越剧团参赛的3位新秀全部获奖，一时传为坊间美谈。

为大力培养和扶植青年演员，虹口越剧团于1988年10月9日在中国剧场举办“肖雅演唱专场”。肖雅演唱了《沙漠王子》《流浪王子》《一枝梅》等唱腔选段及歌曲《月亮走，我也走》等。时任上海市副市长刘振元致信祝贺，傅全香、戚雅仙等前辈演员出席观赏。1990年1月12日至14日，剧团又在中国剧场举办“韩婷婷演唱艺术专场”。韩婷婷除了演出范派名剧《梁祝》等折子以戏外，还演唱了京剧《断桥》评弹《黛玉焚稿》等，多才多艺的演唱受到同行与观众的交口称誉。

1989年初，虹口越剧团带着《盘妻索妻》和《天长地久》两个剧目出访香港，参加葵青区第二届艺术节交流演出，广受港澳同胞和海外侨胞的欢迎，并被誉为艺术节中两个最受欢迎的艺术表演团体之一。

文企联姻走出新路

从20世纪80年代后期开始，戏曲演出市场逐渐开始走下坡路，渐渐地，靠演出收入已不足以维持剧团和开支。1986年，区政府将国光剧场划归虹口越剧团，通过经营录像放映业务，实行“以副养文”。1988年2月，剧团与上海东南对外房产发展公司挂钩，实行“文企联姻”，剧团遂更名为东南虹口越剧团。更名后的虹口越剧团也曾取得一系列不俗成绩。

1989年3月，肖雅获华东六省一市“红灯杯”戏曲演员歌曲大赛获特等奖。1990年8月，肖雅与韩婷婷被“霞飞杯”越剧演员电视大赛授予“越剧之星”称号。1990年《颠倒姻缘》和1991年《再度鹊桥》的演出都取得了一定的市场和经济效应。1993年3月韩婷婷因主演《三世奇缘》获上海市第四届白玉兰戏剧表演主角奖。

1994年8月9日，上海虹口越剧团首演《沈园绝唱》于曲阳文化馆剧场，同年9月获上海新剧目展演纪念奖。1995年2月6日，虹口越剧团与上海电视台联合摄制的4集越剧电视连续剧《蝴蝶的传说》由上海电视台播出。同年，由肖雅主演的越剧电视剧《玉蜻蜓》荣获第15届全国电视剧飞天奖。1995年10月27日，虹口越剧团在无锡唐城开拍电视剧《金缕衣》，并于1996年2月、3月间分别在上海电视台和中央电视台播放，后获第11届全国戏曲电视剧“STV奖”三等奖。

1996年，韩婷婷在新编越剧《三世奇缘》中一人分饰秦逊、孙芹两角，并在剧中充分发挥其弹琵琶、舞剑的特长，被专家评点为：奇缘奇人奇事，范派新生别开生面。韩婷婷也凭在此剧中的出色表演，荣获第四届白玉兰表演艺术奖主角奖。

除肖雅、韩婷婷外，剧团的其他青年演员也表现不俗。1996 年，虹口越剧团青年演员沈海冰以《杨开慧》中的《忠魂曲》获“日发杯”全国越剧青年演员大奖赛一等奖，剧中毛岸英扮演者陶卉获三等奖。

余声绕梁记忆犹新

20 世纪 90 年代后，在层出不穷的新文化样式、新媒体的冲击下，传统戏曲市场日趋萧条。随着 1991 年肖雅赴美定居、一些老演员或退休或离职，韩婷婷便成了虹口越剧团的台柱。担任剧团团长后，她更是团长主演一肩挑，以一己之力坚守着虹口越剧的阵地。1997 年主演了《颠倒姻缘》，2000 年主演了《梅花魂》，2001 年更是自筹资金，联合静安和卢湾两家越剧团举办了“情缘未了”系列演出。特别是 2005 年，韩婷婷主演的多媒体经典交响版《梁祝》，以优美的越剧唱腔与经典小提琴协奏曲的完美结合，给人们带来前所未有的艺术享受，获得了良好的社会反响。

进入 21 世纪后，上海戏曲演出市场进一步萎缩，区级剧团大多名存实亡。为了剧团的生存，韩婷婷不得不通过四处客串演出、开办艺校等方法，坚守着虹口越剧团的阵地。2004 年，在文化体制改革的大背景下，剧团在区委、区政府的大力支持下进行了改制。2005 年，虹

1947 年《老上海百业指南》中的国光剧场位置

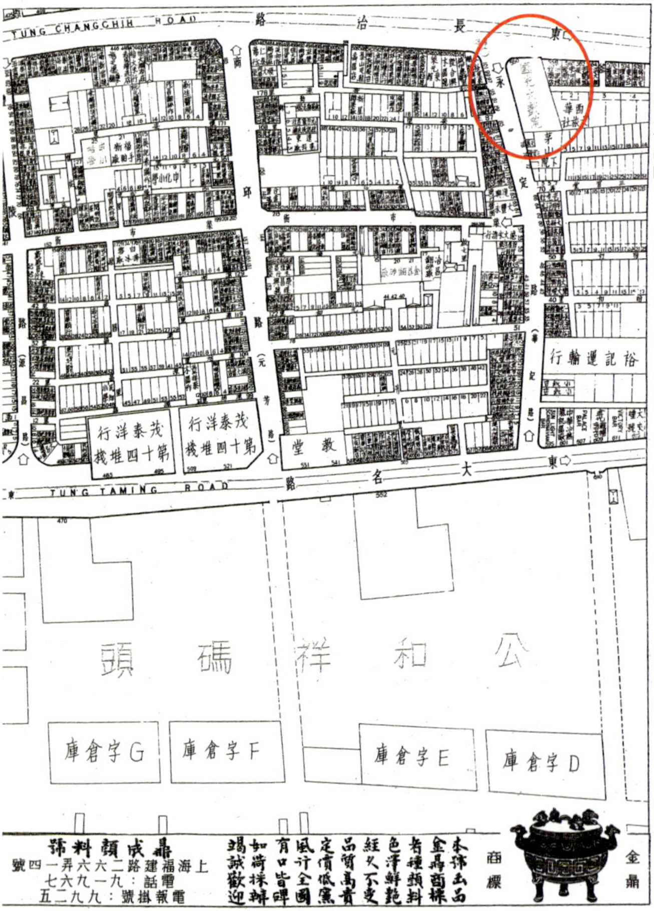

口越剧团建制取消，取而代之的是一家注册资金100万元，以明星为号召的民营股份制公司——韩婷婷文化艺术传播发展有限公司。

红氍毹上舞蹁跹，余声绕梁记忆新。虹口越剧团虽然已退出了人们的视野，但人们不会忘记团长李明、王钧全、尹小芳、都丽芳……主要演员陆锦娟、尹小芳、肖雅、韩婷婷等一个个光彩夺目的名字；人们也不会忘记虹口越剧团曾经为弘扬传统文化、培养艺术人才、丰富群众文化生活作出的巨大贡献。

澄衷蒙学堂：远逝的辉煌

胡志金

叶澄衷与蒙学堂

在上海市北外滩东余杭路800号，矗立着一所镌刻着岁月年轮的百年老校——澄衷高级中学，其前身就是享誉沪上的澄衷蒙学堂。从这里，走出了胡适、竺可桢、倪征燠、陆俨少、李达三等一大批中华英才，书写了跨越百年的辉煌。这所学校永远与一位近代宁波巨商的名字连在一起：叶澄衷。

叶澄衷（1840—1899），宁波镇海人，近代著名的工商业家、社会慈善家。叶澄衷从自己幼年失怙、家贫辍学的身世中痛感穷人无力上学的艰难；从外强凌辱、国运多舛的颓势中，认识到教育科技落后给民族带来的厄运。在上海的一次慈善会议上，他犀利地指出："中国之积弱由于积贫，积贫由于无知，无知由于不学，兴天下之利，莫大于兴学。"光绪己亥年（1899年），是叶澄衷生命中最后的一年。这年初，叶澄衷在一家新开张的饭店定了一桌筵席，约请叶氏企业的多名经理、亲信聚谈，当面提出创办一所学堂的设想，征询大家对办学的意见。席间，经理们议论纷纷，有的主张设育婴堂，有的建议

叶澄衷像

办医院，有的赞成开施材局，众说纷纭，莫衷一是。叶澄衷最后发言，谈到自己家境贫寒，年幼失学，缺少文化，所以在创业时，倍感艰辛。搞实业，没有文化不行，不懂科学不行。同样道理，要想强盛吾国，不再受人欺辱，我们的后一代，更不能没有文化，不懂科学啊！

叶澄衷的这番肺腑之言，深深打动了在座的经理们，樊时勋、陈瑞海两人率先附议支持，最后，大家一致同意叶澄衷捐资创办新式学堂的设想。

听说叶澄衷学堂拟创办新式学堂，美国人福开森兴冲冲地登门造访，对叶澄衷说，中国人办事历来缺乏持久性，办学固然是好事，但往往不能善始善终，不如捐出虹口一块地皮，委托工部局办校，帮助管理，以利长久存在。哪知叶澄衷听罢，当场严辞拒绝。不久，上海尚贤堂传教士李佳白也跑来，游说叶澄衷放弃筹建学堂而改建医院。叶澄衷直言相告，办学堂的事已作决定，且已对外宣布，断然不会中途变更。从此，再没有人加以非议、阻拦。

此后，叶澄衷周密地思考了办学目的、教育内容、组织形式、学校名称等，筹划捐款、捐地数额，拟委托怀德堂诸位董事负责筹建学堂。光绪二十五年九月十五日（1899年10月19日），叶澄衷写信给樊时勋、徐文明、陈瑞海、王海帆、阮星阶、曹雨岑和叶洪涛七位怀德堂董事，郑重其事地提出了筹建澄衷学堂的想法。全信如下：

> 迳启者：成忠半生艰苦，自惭学问未深，每思造就人材，必须有人提倡，久欲在沪虹口设立学堂，延聘名师，专以教授中国经书为作人之根本，俾无力从师者皆得就学焉。其大略章程曾经商议，兹因病躯不支，亟思举办，以竟初志，特即划出基地一方，在新记滨之后，土名张家湾。英册第二千五百二十五号道契，计地十九亩六厘；又英册第二千二百二十七号道契，计地七分八厘八毫；又水潭计五亩六毫，并拨规银十万两，统交怀德堂董事诸君子，悉心筹办，建造学堂房屋，订定一切章程，务求妥洽，克垂久远。庶几从此学习之人，学有进益，大则可望成才，小亦得以谋业，此固鄙怀所深望者矣！伏念诸君子皆相交有年，久深投契，必能曲体此悰，实心任事，善全其后，并望切勿推诿，尤所至祷。至所建之堂，即名为澄衷学堂，以

表鄙人之所自勉者，期人之共勉之意耳！

耑肃祗请

怀德堂董事樊时勋、陈瑞海亲家大人，洪涛族叔大人，徐文明、阮星阶、曹雨岑、乌渭林仁兄大人台照

己亥九月十五日

叶成忠谨启

从这十几行滚烫的文字中，我们可以窥得叶公的办学宏愿及俊伟人格。弥留之际，他心系贫寒子弟，“俾使无力从师者，皆得就学焉”，为其平生之夙愿、办学之初衷。“庶几从此学习之人，学有进益，大则可望成才，小亦得以谋业”，从中可见其新式办学理念，将读书与生涯规划联系起来，读书不惟仕途，而在于成才立业。此乃叶澄衷心目中的学校，体现其平民教育的理想。叶澄衷殷切期望诸位董事悉心筹办，建造学堂，建章立制，采用校董事会管理模式，实乃开平民教育及新式学堂之先，深谋远虑，卓尔不群。“此者固鄙怀所深望者矣”，“务求妥恰，克垂久远”，“切勿推诿，尤所至祷”，用心良苦，言辞恳切，可谓义薄云天，情动江海。

怀德堂的董事们都是跟随叶公多年的部下、挚友，向来仰慕叶公的为人，他们深为叶公的智识和高义所感佩，决心全力筹办学堂，不负叶公之重托。于是，董事们紧锣密鼓地开始了学堂的筹建工作。而此时，叶澄衷的病情越来越严重，临终前他还是念念不忘筹办学堂之事。遗命樊时勋等怀德堂七董事，各分号可议定值年制办理学堂事务，依次轮值，周而复始，由各商号经理分

掌其事。再三叮嘱家人：学堂体制和一切规模与设备应完全由校长谋划决定，我子我孙应协力完成我开办蒙学堂的志愿，但不要参与学堂事务。希望大家同舟共济，力促其成。又对诸董事说，我办学堂的初衷，大半出于自己幼年失学的伤感，我今天委托诸君，请将我的想法撰成一联，悬挂于学堂大厅内，以明我志。

交代完后事，一代商界巨擘叶澄衷走完了他60年辉煌的人生历程，于光绪二十五年十月三日（1899年11月5日）不幸与世长辞。

为了尽快完成叶公未竟的事业，怀德堂的董事们加紧筹办澄衷蒙学堂。第二年，学堂开工在即，为防止不法之徒惹是生非，怀德堂董事依例分别向苏松太道和上海英美租界会审分府呈文，请求官府出面保护。光绪二十六年五月二十八日（1900年6月24日），澄衷蒙学堂在虹口张家湾破土动工，工程由山余记工头承包。“计造门楼一座，正厅后厅楼上下十八间，斋舍楼上下四十余间，每间约容学童十余名，厢庑庖湢咸具。”（见《叶公澄衷荣哀录》，光绪二十八年（1902年）怀德堂铅印本）经怀德堂董事合议，推举樊棻为接洽办学的负责人，陈祖烈为建造校舍的经管人，并决定余下土地24亩待日后造屋出租，以充学堂经费，永续利用。该年十月，上海英美租界会审分府、苏松太道应怀德堂董事呈请，先后发布告白，晓谕民众：“毋得藉端阻挠，致干查究，其各凛遵毋违。”

始料不及的是，由于学堂建筑工程浩大，学堂建到一半，叶澄衷所捐10万银两已用去大半，难以为继。其长子叶贻鉴又捐银10万两，终于建成罗马式楼房共

澄衷学堂操场

澄衷学堂教学楼围廊

澄衷学堂校园

澄衷学堂校门

澄衷世美堂

计42间，作为教室、宿舍；二层楼房26间，用做膳厅；还有小养正里平屋15间；并设置了印书处、风雨操场。澄衷蒙学堂是著名英国建筑师，上海通和洋行创办人艾特金森和达拉斯的作品。中式屋顶和西式屋身相结合，拱形门廊和窗户，宽阔的“骑马廊”，铸铁雕花栏杆，塔司干柱式结构，呈现出典型的巴洛克风格；而青瓦覆盖的斜形屋顶及砖木结合的材质，则又体现中国古典建筑的样式。澄衷蒙学堂落成时，请清末状元张謇题写“澄衷蒙学堂”5个大字，用石刻嵌于大堂前。在大堂两侧，悬挂着根据叶澄衷遗言撰成的一副楹联：“余以幼孤，旅寓申江，自伤老大无成，有类夜行思秉烛；今为童蒙，特开讲舍，所望髫年志学，一般努力惜分阴。”

教习与课本

澄衷蒙学堂于光绪二十七年二月二十八日（1901年4月16日）落成开学，首任校长刘树屏，江苏武进人，光绪十六年进士，翰林院检讨出身。刘树屏一生和教育结下不解之缘，被称为“常州倡导新学第一人”。1900年底，澄衷蒙学堂即将竣工，常州人赵凤昌受校董樊时勋之托，推荐同乡好友刘树屏任总理（校长），刘树屏欣然就任。然而，新式学堂之设，此前朝堂未下诏令明示，尚无先例可循。刘树屏旋即与校董们马不停蹄地谋划开学的各项工作，他在为校董樊时勋祝寿一文中回忆道：“予间关至沪，叶氏介樊君推为蒙学校长，时筑学未竟，尝与樊君商量校室之部位，书籍之庋置，教育之方法，学业之程限。或日一见焉，或日数见焉。”[1]刘树屏创造性地订立了《澄衷蒙学堂章程》，确立了澄衷蒙学堂的学制、课程、规章、制度，明确了教习、堂董、监起居、学生等不同人员的职责、要求，强调教习训蒙“以开发性灵为第一义”，“即或秉质不齐，亦宜循循善诱，不必过事束缚，以窒性灵”。

为解教材紧缺的燃眉之急，刘树屏专门设置“编纂室”和“澄衷印书局”，组织教员编印新式教材。《澄衷蒙学堂字课图说》(以下简称《字课图说》)就是在此背景下应运而生。刘树屏利用其地缘人脉资源，广纳贤师，组织了一支精干强大的编纂队伍，既有如蔡元培、章梫之类博古通今的“宿学通儒”，又有沈颐、严保诚、夏清贻、姚明辉等脱颖而出的年轻新秀。由总教章梫总揽《字课图说》的编纂事务，蔡元培负责此书的主审定稿，武进书法家唐驼缮写课本，吴县吴子城专事绘图。刘树屏则亲自主持策划，确定编写体例，撰写凡例。在《凡例》中，刘树屏阐明了本书的编写宗旨、选字原则、词类划分、编排体式、教学方法，强调“是书专为小学堂训蒙而作，故词尚浅近，一切深文奥义不及焉”，对于难字难义，“不特艰于讲解，且恐阻窒其性灵也”。在编写过程中，刘树屏要求教员结合儿童心理特点，舍弃深奥艰涩的传统蒙学内容，借鉴西方教科书生动活泼的形式，力图做到通俗易懂，兼容并蓄。《字课图说》共选择3291字，为当时“世俗所通行及尺牍所习见者”，既以

---

① 刘树屏:《樊公君芳六十寿序》,《蛟川樊氏宗谱·卷四》, 1911年石印本，上海图书馆藏。

刘树屏像

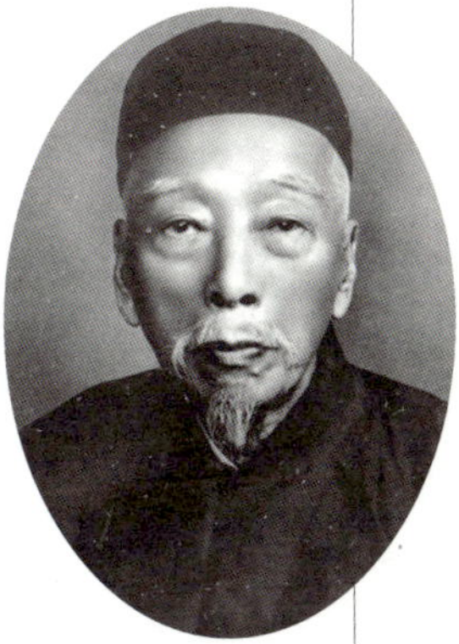

章梫像

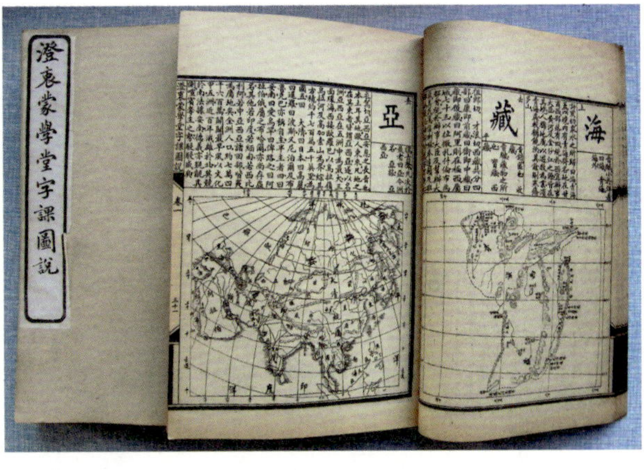

澄衷学堂自刻图书

图文并茂的形式帮助儿童识字，又汲取了近代科技文明成果，为儿童普及科技知识。可以说，《字课图说》自始至终就是在刘树屏的组织策划和思想主导下编纂而成的。该书自 1901 年夏初版以后，即广为流布、风行海内，成为晚清启蒙读物的发轫之作，至 1905 年夏，重印即达 14 次之多，被胡适誉为“中国自有学校以来，第一部教科书”。

此后，由澄衷蒙学堂自己编印的《小学本国史教科书》《最新几何画法教本》《澄衷学堂格致读本》《溥通国文读本》（六卷）、《新编外国地理》（四册）等校本教材相继问世，影响甚巨。《清史稿》对此亦有记述：澄衷蒙学堂“制《字课图说》、修身、舆地诸书，诸校用之，以为善本”。刘树屏亲自撰写了《澄衷蒙学堂落成记》，详述学堂兴建的缘起与规模，阐明为师之责及为师之道，鼓励学童“相与淬厉奋发，以无负乎君之所期”。此文由清末状元张謇书写，铭刻成碑，现竖于澄衷高级中学碑廊内。

澄衷蒙学堂的第二任校长是蔡元培。1901 年 3 月 19 日，一个阳光明媚、春风和煦的日子，蔡元培在张元济的陪同下，走进了位于虹口东南隅、黄浦江畔的澄衷学堂，造访时任校长的刘树屏（字葆良）。三位昔日翰林院同事相见甚欢，分外亲切。澄衷蒙学堂建校伊始，百端待举，蔡元培此番来校，就是受刘树屏之邀，襄理校务，编审教材。7 月间，刘树屏因事请假，聘请蔡元培代理校长一月。蔡元培在澄衷期间，协助校长规划课程、厘定学制、审定教材，时间虽短，却颇有贡献。其中最有影响的，当为参编并审定《字课图说》。《蔡元培日记》记

蔡元培像

载：1901 年 8 月 19 日，蔡元培“识别澄衷蒙学堂所编《字课图说》竟”，第二天即“致章一山书，送《字课图说》，并还《文通》”。日记中的“识别”二字应是审读校对之意，说明《字课图说》最后由他校勘考订，主审定稿。

在澄衷蒙学堂短暂的日子里，蔡元培给学生留下了深刻的印象。蔡元培虽为翰林出身，但崇尚新学，思想超拔，且平易近人，善待学生。澄衷蒙学堂的早期学生项雄霄在《六十年前的上海澄衷学校》一文中写道：“蔡先生和易可亲，与刘葆良的官僚封建气大不同。因此大家对蔡先生另有一种尊敬。”1936 年 4 月 16 日，是上海澄衷学堂创办 35 周年纪念日，蔡元培应澄衷中小学校长吴友孝之邀，为《澄衷中小学卅五周年纪念刊》亲笔题词如下：

> 三十五年前，澄衷学校创立时长校者为刘葆良君，曾邀我代理数十日。之后章一山君长校，我从弟国亲及僚婿薛朗轩君均在校任教员。最近十余年主持校务者为曹慕管、葛祖兰、陈彬和、吴粹伦诸君，均我在业识我。对于澄衷三十五年之经历，大抵耳熟能详。循序渐进，成绩斐然。校董之精明，校长及教职员之尽责，诸同学之勤勉，足以副澄衷先生创办是校之盛意焉。敬祝进步无量！
>
> 蔡元培（载《申报》1936 年 4 月 16 日）

此题词透露了蔡元培与澄衷结缘的渊源，也折射了蔡元培对澄衷的深厚情谊。题词中提到的“从弟国亲”就是他的堂弟蔡元康，字国亲，清末举人。他在澄衷任教数学，兼教国文，常在学生中宣扬革命。薛朗轩是绍兴名宿，以学问闻名，是蔡元培的连襟，亦系其少年同窗好友。此外，还有蔡元培挚友寿孝天，他是“三味书屋”馆主寿镜吾之侄，经蔡元培引荐来澄衷任教历史，后进入上海商务印书馆任编辑，编译中学数学教科书。薛朗轩、寿孝天还曾是蔡元培在绍兴中西学堂时的同事，过从甚密。

1901 年 8 月，蔡元培离开澄衷赴南洋公学（今上海交通大学前身）任教时，叶澄衷的灵寝即将移葬其家乡宁波镇海。蔡元培十分推崇叶公“兴天下之利，莫大于兴学”的远见卓识，仰慕叶公诚朴守信、乐善好施的高尚人格，慨然为叶公撰写墓志铭。他在文中追述叶公一生行宜，称赞叶公为“卓尔不群”的“贤豪”，“富教两界皆自君始”，表达了对叶公的敬仰之情。1902 年，蔡元培等人发起“中国教育会”“爱国学社”，每周在张园进行演讲，宣扬革命，澄衷时有师生前往聆听演讲，接受革命思想的熏陶。澄衷教师白毓昆、蔡元康后来就是在蔡元培的鼓动、感召下，加入了光复会、同盟会，积极投身反清民主革命活动。蔡元康、寿孝天等教师“常在教课和课外活动中对学生讲革命。所以推溯澄衷学生的思想转变，可以说是从蔡先生始”①。澄衷后来有白毓昆、何友谅、史霄雯等多名校友投身于革命的洪流中，慷慨赴义，奋勇牺牲，与蔡元培思想及人格的影响可能不无关系。

门生胡适之

澄衷蒙学堂从立校之初，便遵循校主叶澄衷的遗愿，以“诚朴”为校训，有序管理，严谨办学。以课程完备、理念先进、收费低廉享誉沪上，也备受朝廷青睐。多位朝廷重臣先后来校视察，光绪皇帝御笔书“启蒙种德”匾额。早期的澄衷学子中，后来最有影响的当推胡适、竺可桢。

1905 年春至次年秋，胡适在澄衷蒙学堂度过了一段最美的青春时光。1936 年 4 月，胡适在《敬贺母校卅五周年纪念》一文中深情地回忆：“我离开澄衷整整三十年

① 项雄霄：《六十年前的上海澄衷学校》，参见全国政协文史资料委员会编：《文史资料存稿选编》（第 24 辑），中国文史出版社 2002 年版。

胡适像

了。但我现在回忆那一年半的光阴，我还觉得那是我幼年最得益的时期。”

胡适入澄衷蒙学堂时，学校已初成规模，共有 12 个班，前六班为中学，后六班为小学。学科设置比较齐全，除国文、英文、算学外，还有物理、化学、历史、地理、图画等科，学生依照各科平均成绩分班，但英文、算学程度过低的都不能进入高班。胡适就是因英文、算学不佳而被编入第五班。

为了突破英文、算学两门功课的学习障碍，胡适焚膏继晷，全力以赴。那时胡适因学校宿舍已满，与同学、老师合住在蒙学堂东面的怀德堂。宿舍条件简陋，没有书桌。胡适常常在宿舍熄灯之后，设法在蚊帐外面的床架上竖起蜡烛，借着朦胧的烛光，伏在被窝里，仰起头来，把石板放在枕头上做算术题。他自我加压，勤习功课，就连放寒暑假也不例外。为了攻克代数难关，他特意买了一部丁福保编的代数书，利用一个暑假把初等代数自习完毕。好风凭借力，扬帆正当时。所幸的是胡适遇到了良师，他的算学教员郁耀卿不仅在课堂教学中精心施教，循循善诱，还组织学生参与课外社团活动。他的英文教员张境人、陈诗豪，都是能说会写，讲解细致。他们都是从圣约翰大学出来的，从教会学堂带来了严格的语言训练，使他们成为最好的中学英文教员。每天安排的训练有习字、默书、造句、作文等，且每天批改，按月积分。一年半的严格训练，使胡适掌握了一些读书作文的基本技能，考试成绩常常名列前茅，他因此接连跳级，第二年就升入第二班。他在《四十自述》中坦言："我在这一年半中，最有进步的是英文、算学，教英文的谢昌熙先生、陈诗豪先生、张镜人先生，教算学的郁耀卿先生，都给了我很多的益处。"

胡适沪上求学之时，风起云涌，新旧激荡，各种新思想、新思潮一起涌入上海这个开放之地。少年胡适睁大眼睛，好奇地打量着这个变革中的世界，贪婪地吮吸着人类思想文化的精华。

澄衷蒙学堂，正是他少年时期新思想的孕育与启蒙之地。

在这里，他遇到了给他带来思想启蒙的老师——杨天骥。杨天骥思想活跃，目光敏锐。有一次，胡适去看他，他在胡适的作文稿本上题了"言论自由"四个意味深长的字。后来杨天骥将严复翻译的赫胥黎的《天演论》作为读本推介给学生，胡适第一次读到此书，内心颇为震动。那时的中国积贫积弱，屡战屡败，书中"优胜劣败，适者生存”的观点“确是一种当头棒喝，给了无数人一种绝大的刺激”。“几年之中，这种思想像野火一样，延烧着许多少年人的心和血。”① 正是这个时候，他在二哥的建议下，取“物竞天择，适者生存”之意，改字为“适之”，后改名为“胡适”。此外，本土启蒙思想家梁启超的政论著作《新民说》对胡适也影响甚巨，“他在这几十篇文字里，抱着满腔的血诚，怀着无限的信心，用他那支‘笔锋常带情感’的健笔，指挥那无数的历史见证，组织成那些能使人鼓舞，使人悼哭，使人感激奋发的文章。”② 此书与严复翻译的《天演论》“成了他认识世界的一把钥匙，并成为他日后接受实验主义，走上自由主义之路的桥梁”③。

杨天骥先生不仅在阅读指导中给学生洞开一扇新思想之窗，还在写作训练中融入新的思想元素，引发学生思考。他曾以“物竞天择，适者生存，试申其义”为题让学生作文。且看胡适如何阐发他的滔滔宏论：

> ……
>
> 今日之世界，一强权之世界也。人亦有言，天下岂有公理哉！黑铁耳，赤血耳。又曰：公法者对于平等之国而生者也。呜呼！吾国民闻之，其有投袂奋兴者乎？国魂丧尽兵魂空，兵不能竞也；政治学术，西来是效，学不能竞也；国债累累，人为债主，而我为借债者，财不能竞也；矿产金藏，所在

①② 胡适：《胡适自传》，金城出版社，2013 年 6 月第 1 版。
③ 沈卫威：《无地自由——胡适传》，上海文艺出版社 1994 年版。

皆有，而不能自辟利源，必假手外人，艺不能竞也。以劣败之地位资格，处天演潮流之中，既不足以赤血黑铁与他族相角逐，又不能折冲樽俎战胜庙堂，如是而欲他族不以不平等之国相待不渐渍以底灭亡亦难矣！呜呼！吾国民其有闻而投袂兴奋者乎？①

此文针砭时弊，慷慨陈词，于雄辩的言辞、严密的推理中，表露出胡适对于中国应如何立足于强权世界的思考，折射出胡适深沉的家国情怀与忧患意识。全文不足800字，然引据翔实，严谨有序，汪洋恣肆，笔力雄健，有声震寰宇之力，振聋发聩之功。很难想象，此等雄文，竟然出自14岁少年之手！难怪杨天骥先生读后喜不自禁地评价他“富于思考力，善为演绎文，故能推阐无遗”，并“赏制钱二百，以示奖励”。

在澄衷蒙学堂就读期间，胡适给我们留下了他存世最早的100篇日记（《丙午年学界用自治日记》）。该日记藏于北京大学图书馆，2003年由清华大学出版社影印出版，2017年3月，文汇出版社出版了由张立茂编注的《胡适澄衷学堂日记》。日记从1906年2月13日开始，至同年7月26日为止，让后人从中寻觅到一位文化名人的成长足迹。

值得注意的是，这100篇澄衷日记中，涉及社团活动的约占总数的一半。在5个多月中，仅胡适发起或参与的学生自治性组织就有“自治会”“阅书会”“集益会”“理化研究会”“讲书会”“算术研究会”“球会”等近

① 欧阳哲生编：《胡适文集》（第9册），北京大学出版社1998年版。

胡适《澄衷日记》手稿

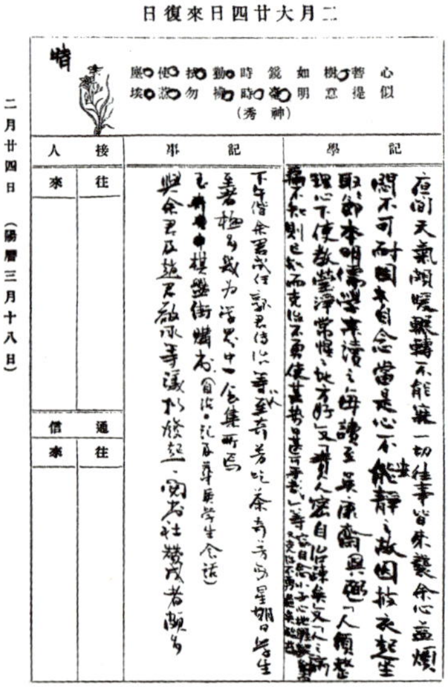
二月大廿四日來復日

二月廿四日（陽曆三月十八日）

10 种。社团活动自然离不开演讲，胡适在日记中记述：4 月 13 日，集益会开第七次常会，诸位师生就会员出会之法、“泰否”二字之义、南昌教案事、光学、算术九试法等话题发表演讲，胡适“闻诸君演说，辄生无数感情，乃登台演说，总论各人之演说”，深得会员好评。4 月 29 日，“自治会”开会时，胡适演说三事：“释治字之意”、“论同学宜于学问上、德性上着力竞争”、“论选举时被选者及选人者之权利义务”。之后选举职员，胡适以 18 票之多被选为会长，其演讲之魅力，可见一斑。

在《四十自述》中，胡适回顾了他曾在澄衷“自治会”发表题为“论性”的演说。他否定孟子的“性善说”与荀子的“性恶说”，赞同王阳明的“性无善无恶，可善可恶”之说。孟子曾说：“人性之善也，犹水之就下也。人无有不善，水无有不下”。胡适直言孟子不懂得科学，不明白地心万有引力和水自会保持水平的原理。他认为“水无有不下”，并非水性向下，只是地心吸力引它向下。吸力可以引它向下，高高的蓄水塔也可以使自来水管里的水向上。依据水无上无下保持水平，却又可上可下的特点，论证了王阳明的“性论”的正确性。胡适的这番演说通俗形象、深入浅出，颇受同学的欢迎。

胡适还有多篇日记叙写自我心灵的拷问与解剖，反映了他自省自警的意识、修为。

记于1906年3月18日的胡适日记，是胡适现存最早的一则关于修身的日记：

> “夜间天气颇暖，辗转不能寐。一切往事皆来袭，余心益烦闷不可耐。因自念当是心不能安静之故。因披衣起坐，取节本《明儒学案》读之。每读至吴康斋（与弼）‘人须整理心下，使教莹净常惺惺地，方好’，又‘责人密，自治疏矣’，又‘人之病痛，不知则已，知而克治不勇，使其势日甚，可乎哉’等，窃自念，小子心地龌龊，知而又克治不勇。危矣殆哉！”①

胡适这时还不到15岁，成绩优秀，连跳三级，并任

① 张立茂编：《胡适澄衷学堂日记》，文汇出版社2017年版。

副班长。本无越轨之事，何来“心地龌龊”？可见胡适的自我反思、自我批判是多么严厉！他是以圣贤自期，按理学家的修为来规范自己的言行。

在 5 月 22 日的日记中，胡适犹如一个高明的医生，对自己身上的毛病作了一个总的诊断：“予一生大病根有三：（一）好名；（二）卤莽；（三）责人厚。未尝不自知之。每清夜扪心，未尝不念及而欲痛改之。”

胡适就是这样，拿着一柄犀利的手术刀，无情地解剖自己。他是以传统儒家思想观照世界、省察自我，在日记中，表现为先引用圣贤语录，然后对照反思，直陈己过。对于 14 岁的少年来说，这种勇于自我反思、自我批判、自我警醒的精神，实在难能可贵。

澄衷学堂一年半的求学生活，给了胡适如此丰厚的人生奖赏，让胡适萦念于心，不尽感激。成名之后，他曾两次撰文，亲切回顾在澄衷的学习生活，感恩之情，溢于言表。他还先后 3 次回母校视察、演讲，其温厚谦和的形象、睿智深邃的思想，深深烙印在澄衷师生的心中。

竺可桢在澄衷

1905 年秋，15 岁的竺可桢从绍兴东关镇毓菁学堂毕业，考入闻名沪上的澄衷蒙学堂，成为胡适的同班同学。

离开僻远闭塞的故乡小镇，来到上海这个八面来风的时尚之都，少年竺可桢闪着惊异的眼光，感受这个世界的斑斓与新奇。澄衷蒙学堂地处黄浦江畔，一些富家子弟们衣着光鲜，举止骄矜，而来自异乡、家境贫寒

竺可桢像

的竺可桢，粗衣布履，满口方音，加之英语较差，在班上毫不起眼。但他并不悲观、气馁，十分珍惜来之不易的读书机会，暗中发誓要勤奋攻读。他在床头贴着一张“醒来即起”的小纸条，用来激励自己。每天晨曦初露，他便悄然起床，来到操场锻炼身体，然后去教室朗读英语、国文，无论是赤日炎炎的夏日，还是寒风凛冽的冬天，长此以往，从未间断。天道酬勤，他的成绩稳步上升。1907 年 6 月，清廷大员、新任粤督岑春煊宫保莅临澄衷学堂视察，设奖章奖励优秀学员，由校长依据考试成绩察核，“先尽最优等前列，又详核各科学平日功课分数，与各教员公同认可，然后给奖，以昭公允”（1907 年 6 月 3 日《申报》），竺可桢以其勤奋刻苦的精神和出类拔萃的成绩赢得师生一致好评，获银章一枚，并被同学推为班长。

竺可桢比胡适晚半年入学，他们之间有一段颇为有趣的故事。竺可桢身材矮小，面黄肌瘦。一天傍晚，他在回寝室的路上边走边背英语单词，忽然背后传来一声同学的议论：“竺君如此瘦弱，又如此用功，一定活不过20岁！”他听了心里颇不是滋味，但还是忍住未加责问。晚上，他暗自思忖，自己虽然身体瘦小，但怎么会活不到20岁呢？为了完成学业，报效国家，一定要强身健体！从第二天起，他每天清晨坚持跑步、做操，身体渐渐强壮起来。这位预言他活不过20岁的同学就是后来鼎鼎有名的胡适（时名胡洪骍）。1910年9月，他俩作为第二期留美庚款公费生，前往美国留学，不料在美国游轮“中国皇后”号甲板上邂逅。已过20岁的竺可桢一见胡适，忍不住调侃一番，岂知年轻好胜的胡适竟和竺可桢打起赌来，说若是竺可桢活过花甲，愿在其寿宴上当众磕3个响头。说完两人抚肩拍背，开怀大笑。远望横无际涯的湛蓝大海，近看船边涌起的滚滚浪花，他们心潮澎湃，逸兴遄飞。世事难料，1962年胡适病逝于台湾，享年71岁，竺可桢最后活了84岁。竺可桢在日记中写道：“我十六岁到上海澄衷中学，同班胡洪骍是聪明人，说我不能活过二十岁。他以后改名胡适之，与我于1910年同船去美国。我今年已80，已经多活了三个20年矣。”① 晚年他常对人说：“我能活到今天，还得感谢胡适之呢！”

据竺可桢回忆：“我十五岁那年到上海进了澄衷学

① 樊洪业主编：《竺可桢全集》（第19卷），上海科技教育出版社2010年版。

校，才知道有所谓革命和立宪的争论。在理论上我赞成排清灭满，应该站在孙中山这边的，但是我的立场是要向上爬，所以对于梁启超在《新民丛报》所做的文章却极欣赏。”[①] 追溯其思想形成的轨迹，大概与几位教育先贤的影响密不可分。当时的澄衷蒙学堂有一些力主排满、思想激进的教师，如杨天骥、白毓昆、杨荫杭、蔡元康等。他们常在课堂教学和课外活动中传播进步思想，宣扬民主革命。国文老师杨天骥，是同盟会会员、南社社员，早期民主革命的鼓吹者。史地教师白毓昆，是著名的爱国学者，早年在蔡元培的鼓动、感召下，加入了光复会、同盟会，积极投身反清民主革命活动，后成为中共创始人李大钊的老师。杨荫杭是著名女作家杨绛的父亲，在澄衷任教时就积极从事反清革命活动，后遭清政府通缉，被迫出国。蔡元康是蔡元培的堂弟，光复会、同盟会成员，在澄衷任教数学，兼教国文，常在学生中宣扬革命。在这些思想超拔、意志坚定的老师影响下，竺可桢赞同“排清灭满”的政治主张，支持孙中山领导的民主革命。与此同时，竺可桢阅读了梁启超在《新民丛刊》发表的《新民说》系列文章，此文强调“新民为今日第一急务”，意在唤起知识青年“作新民”的觉悟，被黄遵宪誉为“惊心动魄，一字千金”。在此影响下，竺可桢的民族观念与爱国思想得以形成，求新进取意识越加强烈，焕发出蓬勃向上的生命激情。

竺可桢在澄衷蒙学堂学习两年有余，比胡适多半年。但与胡适一样，他们都是澄衷蒙学堂未毕业的学生，皆

① 樊洪业主编：《竺可桢全集》（第4卷），上海科技教育出版社2010年版。

因与学校当局的冲突提前离开学校。虽然如此，但他对澄衷的感情依然颇深。在他成名后的日记中，他多次提及澄衷学校，念及澄衷的老师与同学。1936年3月28日，时任中央研究院气象研究所所长的竺可桢接到母校澄衷学校请柬，请其为母校35周年校庆题纪念册，并莅临母校演讲。竺可桢欣然题写“百年树人”，以示纪念和感激。但时值中央研究院开评议会，竺可桢无暇前往演讲。至1937年3月13日，已任浙江大学校长的竺可桢为弥补过去之缺憾，从杭州乘火车至母校演讲。他在当天的日记中记载：

> 七点半即乘车往城站……余在车中将演说预备完成。十二点至北站。即有澄衷校长吴友孝（粹伦）在站相接，雇车至塘山路，八分钟即至澄衷。据吴君云，现有校舍尚系旧建者，惟添一图书馆及健身房。故余入校犹能忆卅年（前）之景象，如钟楼大教室一如昔日，大教室下有瞿鸿机、振贝子等光绪十六年所书字，至今一如昔。惟大楼前叶澄衷之像乃民十年所建者，去年卅五周年纪念又建一钟，则不甚雅观。一点至健身房演讲，梓传亦来。校中现有学生中学二百余人，小学千余人。到者均为初中学生。首由吴粹伦介绍，次余演讲《享受与服务》，讲约一小时，学生颇能领会。次由粹伦讲数分钟。余即别吴君，偕梓传赴其所办之中国工业炼气厂。……①

① 《竺可桢日记》（第1册），人民出版社1984年版。

日记中所提及的“梓传”，即竺可桢当年就读澄衷时的同班同学陈受昌，字梓传，时任中国工业炼气厂经理。竺可桢在演讲中以“兄弟”自称，亲切地说道：“兄弟在此读书，尚在清光绪的时候，所以今天可说，兄弟以光绪时的学生，对民国时的学生讲话；又因为兄弟是19世纪所生的，所以也可说是以19世纪的人，对20世纪的人说话。并且我好像是一匹老马，负重致远，当然不及诸位的‘后生可畏’；但是中国向来有句话，说‘老马识途’，如果驾轻车，就熟路，终比后生之驹稳健一点，所以不妨来和诸位谈谈。”之后围绕“享受与服务”的主题，竺可桢鞭辟入里地剖析了中国人消极、退让、为己，只知享福、不肯劳动的国民性，表现为：一不肯作事，二不管事，三无进取心。语言通俗，举例翔实，对比深刻，精警透辟。当时的中国正处日寇侵略的危机之中，竺可桢一针见血地指出，依赖享福，不知服务，将给民族带来危险，号召大家一改前非，奋勉进取，方能恢复失地，国家隆盛。同学们听完，掌声不绝，群情振奋。

不幸的是，竺可桢此次演讲5个月之后，日军大举侵占上海，澄衷校园惨遭毁坏，被迫转移至租界借屋办学。同样为战乱中西迁流亡的浙大日夜操劳的竺可桢，也常常念及母校，多次在日记中流露出对母校的牵挂与担忧之情。他在1941年4月16日的日记中记述：“接吴友孝函，约于四月十六澄衷四十周成立纪念为母校作文。余于五年前卅五周纪念时曾在澄衷演讲，翌年‘八一三’事起，澄衷迁入租界，校舍被毁，但学生尚有九百余人，亦可谓苦心孤诣矣。”抗战胜利后，澄衷学校面临复校重建的艰巨任务，百废待兴，困难重重。1945 年 10 月 23 日，竺可桢满怀忧虑地写道："老友董伯豪年五十九，须发皓白，且蓄长须，知沦陷时在沪时多。澄衷吴校长已去世。澄衷房屋全损失，复校不易。"1947 年 9 月 9 日，他又写道："董伯豪来。知上海澄衷中学之怀德堂及礼堂、校舍均已于日寇占据时被毁，惟余幼时之东一斋、西一斋教室宛然尚在。"此时，浙大已迁返杭州，竺可桢得知母校就读时教室犹在，颇有一种劫后余生的欣慰之感。

结语

澄衷蒙学堂是国人自己创办的第一所班级授课制新式学校，前三任校长可谓澄衷蒙学堂的奠基人和开拓者。他们开时代风气之先，建立了较完善的近代学校教育制度，开设了门类齐全、中西兼容的学科课程，将西式教育的理念融入了学校的教学管理之中，培养了诸多享誉中外的杰出人才，奠定了澄衷百年名校的基业，亦为日后清政府"壬寅学制"和"癸卯学制"的颁布实施提供了最佳样本，其在中国近代教育史上的影响，不可等闲视之。

1954年虹口五金技工支援156工程

陈 熙

1954年6月2日上午，晋华电机厂的大礼堂里人头涌动，五金技工支援141项工程的报名大会正在进行，厂长和工会主席等人在会场来回地招呼着工人们，不断地鼓舞工人们积极报名。厂长口中的141项工程，就是后来大家都熟悉的苏联援建的156项工程。自从5月12日接到上级抽调五金技工支援141项工程的任务以来，晋华电机厂这大半个月来已经陆续做了大量的组织动员工作，包括2次全厂技术人员的动员报告，开展了多次小组座谈，并组织看电影（《鞍钢在建设中》）、图片（鞍山风光）等，接着又进行一连串个别动员，并先后召开了3次中老年技工座谈会，为的就是能够让工人们充分认识到支援工作的重要性，调动员工的积极性。到6月5日，晋华电机厂这个规模不大的电机厂，已有48名工人报名，占全厂技工的40%。①

① 提篮桥区动员技工工作组：《提篮桥区动员五金技工支援外地重点建设试点工作总结》，1954年6月，虹口区档案馆藏。

晋华电机厂只是当时虹口区乃至整个上海五金技术工人全力支援141项工程建设的一个缩影。为了配合和支援141项工程建设，1954年5月至1956年3月间，中央紧急从上海抽调了3批、共计5559名五金技工，奔赴东北和华中地区参加建设，这也成为上海大规模动员在业技术工人支援国家重点建设工作的起点。

156项工程始末

新中国成立后不久，毛泽东即出访苏联，商量中苏合作事宜。1950年1月20日，周恩来总理率中国政府代表团抵达莫斯科，进行具体的谈判，不久，中苏两国正式签订了贷款协定，苏联以年利1%的条件，为中国提供3亿美元的低息贷款，分5年支付，中国用这笔贷款偿付苏联援助的机器设备与器材，包括电力站、机械制造、采煤采矿、铁路等相关设备和器材，中国则以原料、茶、现金、美元等分10年偿还贷款及利息。随后，苏联即向中国援建了第一批50项大型工程项目，这50个大型项目就是后来156项工程的第一批。

到1952年初，已经有42个项目开工建设，涉及钢铁、煤炭、电力、机械、化工、汽车等多个重化工业，其中就有包括鞍山钢铁公司、长春第一汽车制造厂等我们至今耳熟能详的大型企业。由于当时东北是我国最重要的工业基地，工业基础好，而当时的关内还缺少发展重工业所必需的钢铁、电力和铁路等①，所以这50项中超

① 陈夕主编:《奠基：苏联援华156项工程始末Ⅱ（文献资料）》,《陈云、李富春：关于恢复、改建、新建工厂的设计情况和意见》，天地出版社2020年版，第103页。

过 30 项都安放在东北，而关内主要是建设发电厂、化肥厂和医院等。

1952 年，“一五”计划开始酝酿实施。8 月 17 日，周恩来再次率领代表团带着有关“一五”计划的设想和草案来到莫斯科，寻求苏联的支援。斯大林表示，愿意为中国的第一个五年计划提供所需要的设备、贷款和技术专家等援助。双方在 1953 年 5 月 15 日签订了协定书，苏联承诺在“一五”计划期间，援助中国新建和改建一批大型工程项目，共计 91 项。这样，连同 1950 年签订的 50 个项目，总共 141 个项目，所以文章开头晋华电机厂在动员工作中，都称“支援国家重点工程建设 141 项”。尽管当中的部分项目有所合并、调整和新增，但当时在官方文件中都称为“141 项工程”。

这 141 项工程中，包括大冶联合钢铁厂、包头联合钢铁厂、洛阳拖拉机厂、第二汽车厂等钢铁以及一系列矿冶、机械、化工、电力、医药以及军工等企业。当时预计，141 个企业建成后，中国的工业生产能力将大大提高，中国将有自己的汽车工业和拖拉机工业，机械方面和国防工业方面将有许多新的产品出现，而预计到 1959 年，全国钢铁、煤炭、电力、石油等主要重工业产品，要大体达到苏联第一个五年计划时的水平，接近或超过日本发动侵略中国战争时 1937 年的水平（即钢的产量超过 500 万吨，煤达到 1 亿吨，电力在 200 亿度以上，石油 250 万吨左右）。①

① 《李富春关于与苏联政府商谈对我国援助问题的报告（1953 年 9 月 3 日）》，《党的文献》1999 年第 5 期。

1954年赫鲁晓夫出任苏共第一书记后，决定加大对华援助的力度，在前述141项工程的基础上再增加15项工程，形成“156项工程”，其中黄河三门峡水力枢纽就是这新增的15项之一。

“一五”计划于1955年7月30日经全国人大一届二次会议审议后通过后正式向公众推出。此时，“156项工程”作为“一五”计划的核心以及苏联援助中国工业建设的标志性概念，成为公开宣传的重点，逐步为广大人民群众所熟知。但苏联的援助项目并不止于这156项，1956年4月7日中苏再次签订协议，增加55个援助项目，9月份又增加了12项，之后双方不断协商，项目有所增加、合并与调整，到1957年3月，苏联和中国签约援建的项目达到255项。1958年、1959年又签订了几个供应成套设备的协定，共计有100多个建设项目，所以到1960年7月中苏关系破裂之前，双方签订的援建项目已经超过350项。根据国家计委基本建设综合局在80年代的调查，苏联援建的诸多项目当中，正式施工的有150项，1960年底已建成133项，另外17项正在建设中。所以，“156项”并不是苏联援建工程的实数，而是苏联援助中国的代名词，苏联对中国的援助项目在整个50年代是处于一个不断增加、调整、合并的动态过程中，双方高层之间的谈判是持续不断的，并不是一个完全敲定的项目。

“156项工程”的实施，在短时间内建设了一个门类多样的工业体系，许多工业包括飞机、汽车、重型和精密机械、发电设备、高级合金钢、有色金属冶炼等行业都是从无到有地建设起来，极大地改变了中国原本落后的工业面貌。

技术工人短缺

斯大林曾对中国代表团说，苏联可以援助中国技术、设备、专家和贷款，但中国需要自己培养干部、工程师和技术工人，否则只有工厂没有人才是绝对不行的。确实，当时中国的工业基础薄弱，不仅缺工厂、设备和技术，也同样缺少技术专家和熟练技术工人。技术、装备和资金可以由苏联援助，但产业工人还是需要国内自己提供，如果没有成套的技术工人，即使工厂建好也无法运作。况且苏联一下子援建这么多钢铁、有色金属、汽车、飞机、拖拉机、坦克、发电机、化学等工业，不少工业类型此前中国根本没有，哪里会有相关的技术工人呢？所以，技术工人的短缺成为当时 156 工程建设中的一个难题。陈云和李富春在 1952 年向中央报告鞍钢的建设情况时表示："苏联已允在上述时期内供应鞍钢的全部重要装备和援助施工安装，目前的关键在于我们能否调集足够的干部和技术员工来适应改建安装的需要。"① 由于人力的不足，第一批开工的 42 个项目中，本溪钢铁厂就很难在"一五"计划期间和鞍山钢铁厂同时扩建。②

那怎么办呢？一方面是派实习生和干部到苏联学习

① 陈夕主编：《奠基：苏联援华 156 项工程始末 Ⅱ（文献资料）》,《中财委：抽调技术员工支援鞍钢建设（1952 年 4 月）》，天地出版社 2020 年版，第 110 页。

② 同上书，《陈云、李富春：关于恢复、改建、新建工厂的设计情况和意见》，第 102 页。

技术，当时苏联答应每年接收 1000 名中国实习生到苏联的工厂实习，帮助培养技术人才，① 但这毕竟人数有限，而且时间较长，所以更主要的还是从国内已有的工厂企业中召集工人。陈云和李富春认为："只能从已经缺少技师、技工的旧工厂中抽出技师、技工，因此……各地、各工业部门必须准备在近几年内大量抽出技术员工。""旧厂必须是供应技术员工的泉源，大量培送员工是他们的责任。" ②

那么新中国成立初期哪里可抽调的产业工人最多？毫无疑问是上海。根据不完全的统计，仅 1953 年，上海全市就输送了 20000 多工人、1000 名左右的工程技术人员、3200 多名管理干部和政治工作干部到鞍山钢铁公司、第一汽车厂、华中钢铁公司和全国各地去参加建设，③ 因此，当 1954 年国家需要一批技术水平较高的五金技术工人时，上海又再次吸引了中央的目光。

上海五金技工支援 141 项工程

1954 年 5 月初，重工业部、第二机械工业部为了解决 141 项重点建设工程中所急需的技工，经中央劳动部介绍来上海招工，提出抽调 3000 名左右（后调整为 2080 名）的熟练五金技工的要求。对此，上海市委指示

① 《李富春关于与苏联政府商谈对我国援助问题的报告（1953 年 9 月 3 日）》，《党的文献》1999 年第 5 期。

② 《中财委：抽调技术员工支援鞍钢建设（1952 年 4 月）》，第 111 页。

③ 《上海输出大批技术力量支援各地建设》，《解放日报》1954 年 2 月 22 日。

以劳动局党组书记马纯古为主，专门成立一个临时工作组开展抽调动员工作，并要求五金工业较为集中的江宁、普陀、提篮桥、榆林、长宁、静安、北站、虹口、嵩山、蓬莱、东昌、新成12个区作为主要的动员对象，其他各区根据实际情况动员。①

由于是支援141重点工程，所以对工人的技术要求较高，中央部委提出最好是五级技工以上，至少是四级技工，三级技工及以下则不行。同时，还要求“历史清楚，政治可靠”，凡是反革命分子、反动军警、特务、恶霸、地痞、流氓、地主等不允许参加；此外，还对工人的身体素质提出了较高要求，年龄必须在45岁以下，且身体健康，患有各类比较严重疾病的，如心血管疾病、传染病、营养不良以及残疾等也不符合要求。②

在动员对象上，主要以私营企业为主，地方国营和公私合营企业如技术基础较好，技工有多余者也可以适当动员，这也是配合当时总体进行的社会主义改造运动，因此，上海市劳动局特别提醒各级党组织，要做好对资本家的统战工作，提防资本家暗中搞破坏。③

尽管141项工程对于新中国的工业建设来说意义重大，但从个人角度来说，援建意味着工人们需要背井离乡，离开自己熟悉的家乡和父母亲人，从繁华的上海迁往苦寒的东北，在很大程度上让渡和牺牲个人和家庭利益，因此，在动员过程中，工人们也确实地表现出了一

①③ 《中共上海市委关于动员本市五金技术工人支援外地重点建设的工作方案》，1954年5月3日，上海市档案馆藏。

② 上海市人民政府劳动局：《关于支援重点建设技工政治审查工作的意见》，1954年7月20日，虹口区档案馆藏。

些实际的顾虑：一怕远离故乡，改变习惯；二怕减低工资待遇（包括怕技术等级评得低）；三怕离开家庭，家庭不放。在这三重顾虑下，不少中老技工抱着“五去五不去”的态度：近地去，远地不去；集体去，少数不去；困难了去，尚可过活不去；临时去，长期不去；以后去，现在不去。① 此外，由于此次抽调对象主要是私营工厂（当时还没有完成私营企业的社会主义改造），抽调技工当然会对生产造成影响，所以私营企业主一般的态度是“哑巴吃黄连，有苦说不出”，也有的表示“反正迟早是你们的，没有意见”，也有少数企业主虽然不敢公开破坏动员工作，但拉拢动摇的技工等。②

对此，党和国家从实事求是的立场出发，并没有简单地以思想政治觉悟施压，而是实实在在地为工人们解决一部分实际困难，对支援外地造成的个人经济损失进行了合理的补偿，如在出发之前，工人们可以根据工龄长短预支生活费 50—70 万元 / 月（旧币）；发放调职津贴，调职津贴是根据上海国营机器制造工业的平均工资标准和调入单位工资水平的差额，累计 18 个月作为基数，再根据调往单位地区的远近、工作、生活、气候条件以及工人本身技术等级等打折发放，如北满地区条件最为艰苦，则全额发放，南满地区条件相对较好，则发放 70%—85%；此外，还给六、七、八级的技术工人发上海国营机器制造业标准工资一个半月，四、五级技术工人，发给标准工资一个月；工人在离开上海前每人

①② 提篮桥区动员技工工作组：《提篮桥区动员五金技工支援外地重点建设试点工作总结》，1954 年 6 月，虹口区档案馆藏。

可以预借 80 万元。[①] 此外，积极吸收参加援建技工的子弟进厂学习技术，尤其是有高小文化、年龄一般 17 岁到 23 周岁的技工子弟进厂，这样一方面是给予技工实际的支持，同时也可以增强国家技术劳动力的后备力量。[②]

同时，通过广泛的思想动员、干部带头、广播报纸的宣传、树立典型、做好家属思想工作等，动员工作得到了积极的响应。例如，安泰机器厂 7 个青年技工，为了要支援国家建设甚至推迟了婚期；新安电机厂技工陆品祥的妻子，在该厂的动员大会上，报告听了一半就向丈夫说：我给你向大会报名去；有 37 年工龄的老技工胡全根，每月工资和变相工资收入多达 400 多万元（旧币），也主动率领自己培养的 5 个年轻技工一同参加。[③]

到 8 月初，动员 2080 名五金技工参加外地 141 重点工程建设的任务已基本完成，全市报名人数已有 11295 人，经审查批准的有 1440 余人，到 8 月底第一批支援建设的五金技工即整装出发。[④]

在第一批 2080 名五金技工的动员工作即将收尾的时

① 《关于上海市技术工人参加国家重点建设工资问题的处理办法（草案）》，虹口区档案馆藏。

② 上海市人民政府劳动局：《关于吸收参加重点建设技术子弟进厂学习技术的几点意见》，虹口区档案馆藏。

③ 上海市人民政府劳动局：《关于动员本市在业五金技术工人支援国家重点建设工作总结报告》，1954 年 11 月 12 日，虹口区档案馆藏。

④ 中国上海市委党史研究室：《上海支援全国：1949—1976（下）》，《抽调本市五金技工参加外地重点建设工作组关于动员 2080 名五金技工参加外地重点建设工作的意见（节选）》（1954 年 8 月 13 日），上海书店出版社 2011 年版。

候，8 月初中央第二机械工业部又派员来沪，要求再抽调五级以上技工 1000 名，支援航空工业建设；重工业部有色金属管理局也派员前来要求增加人数，支援中南钨矿及东北炼铝工作；此外，第一机械工业部船舶工业管理局要求支援 1400 人，中央建筑工程部通过劳动部来电话要 200 余人，合计需求超过 2600 人。① 可见，当时为了建设 141 项工程，需要大批的高等级技术工人，而上海成为重要的技工输出地。

第二批动员工作从 8 月初开始，到 11 月份基本完成，全市参加动员的厂店计有 1140 个，报名的工人达 11295 人，占动员单位职工总数的 22.09%，经审查批准外调 2138 人，占报名总数的 18.93%，其中钳工 1194 名、车工 221 名、电焊工 243 名、管子工 33 名、冷作铆工 143 名、电工 152 名、铣工 18 名、刨工 46 名、磨工 8 名、木模工 39 名、其他工种 41 名。这次动员的五金技术工人是支援国家的航空工业、钢铁工业、有色金属工业，而大部分又是属于 141 项重点建设工程，技术、政治条件要求均较高，技术等级五级以上的有 1397 名，占总数的 65.34%。②

在第二批动员工作还在进行的当中，上海第三次接到中央劳动部的指示，要求在当年的第四季度继续动员 2410 名四级以上的五金技工，支援航空工业、汽车工业、

① 中国上海市委党史研究室：《上海支援全国：1949—1976（下）》，《抽调本市五金技工参加外地重点建设工作组关于动员 2080 名五金技工参加外地重点建设工作的意见（节选）》（1954 年 8 月 13 日），上海书店出版社 2011 年版。

② 上海市人民政府劳动局：《关于动员本市在业五金技术工人支援国家重点建设工作总结报告》，1954 年 11 月 12 日，虹口区档案馆藏。

拖拉机工业和石油工业，其中长春第一汽车厂需要900名，洛阳拖拉机厂410名，洛阳滚珠轴承厂300名，兰州炼油厂133名，二机部所属的6个军工厂667名，这些工厂都是141项中重点建设工程。① 第三批五金技工的动员工作随即展开。

这批的技工要求同样较高，技术上要求四级技工一半，五级以上技工一半，并要求配备一批党、团骨干，同时要求技工历史清楚，政治可靠，身体健康，能服从组织调配。到第二年的3月份左右，第三批的动员工作基本完成。

从1954年6月开始到1955年3月，上海市先后动员了3批、共计5559名五金技术工人远赴东北、西北、华中等地参加141项国家重点工程建设。上海抽调的技术工人，大体上一半是四级技术工人，一半是五级到八级工人，其中以中青年工人居多；共产党员和青年团员占35%以上，不少还是劳动模范、工会干部和车间主任等生产上的骨干与积极分子，如大同铁工厂第一批输送的7名技工中，有3名是生产小组长，1名上海市先进工作者。上海援建的技术工人到达新建企业以后，大多能够刻苦钻研技术，安心生产，不断提高劳动生产率，如参加某煤矿工作的张盘伦等12人，仅用13天时间就完成了原本计划两个月安装两台苏联式起煤电车的任务；前往第一汽车制造厂等单位的技工中，有不少已被提拔

① 中国上海市委党史研究室：《上海支援全国：1949—1976（下）》，《中共上海市委批转劳动局党组关于上海市第三批动员技术工人支援国家重点建设工作计划》（1954年11月22日），上海书店出版社2011年版。

为生产小组长、工段长和车间管理人员。① 在洛阳拖拉机厂参加生产和担任安装的上海五金技工，被评为先进生产者的有数百人之多。②

这一时期的上海工厂，实际上承担着全国工业技术人才培养基地的责任。在“调人不减产”的原则下，上海许多工厂经过抽调之后，开始积极招收艺徒，培养新的技术工人，做到抽调一批、成长一批、生生不息。

1954 年的动员五金技工只是 50 年代上海工人和干部支援全国工业建设大潮中的一个片段，实际上，仅从 1953—1956 年，上海支援外地重点工程建设的工人、技术人员、管理干部等就多达 21 万余人，其中包括工程技术人员 2.38 万名、四级以上熟练技工 8.21 万名，此外还有 2 万多名上海建筑工人到各地参加工厂基建工作。③ 在此后的岁月里，上海的技术工人源源不断地奔赴祖国大江南北，支援各地的工业建设，为新中国的工业化发展作出了重大贡献。

① 《输送了 5000 多名五金技工参加重点建设》，《解放日报》1955 年 5 月 3 日。

② 《支援各地社会主义建设事业我市 5 年来外调 20 多万人》，《解放日报》1958 年 1 月 16 日。

③ 李家齐主编：《上海工运志》，上海社会科学院出版社 1997 年版。

附作者名单（以拼音首字母为序）：

陈　熙　复旦大学中华古籍保护研究院副研究员
陈云霞　上海社科院文学研究所助理研究员
陈祖恩　上海社科院历史所特约研究员
傅林祥　复旦大学历史地理研究中心教授
胡志金　上海市澄衷高级中学语文高级教师
黄亚平　上海市孙中山宋庆龄管理委员会业务处处长
金一超　虹口区地方志办公室研究人员
黎　犁　本名冯金生，编著有《犹太难民在上海》《海派源流》《上海市志·人民政协分志》等
李天纲　复旦大学哲学学院宗教学系主任 / 教授，复旦大学中华文明国际研究中心副主任
刘晓旭　复旦大学档案馆馆员
陆　明　虹口区地方志办公室研究人员
陆其国　上海市档案馆研究人员，《档案春秋》原执行主编
罗　婧　上海社科院历史研究所助理研究员
王　芳　虹口区档案馆研究人员
王启元　复旦大学中华古籍保护研究院副研究员，虹口区档案馆副馆长（挂职）
吴福辉　曾任中国现代文学馆副馆长，中国作家协会会员
杨　琰　同济大学马克思主义学院副教授
张晓虹　复旦大学历史地理研究中心主任、中国历史地理研究所所长

图书在版编目(CIP)数据

虹口港/李天纲,王启元主编. —上海:上海人民出版社,2021
(爱上北外滩·关于虹口的记忆)
ISBN 978-7-208-17095-7

Ⅰ.①虹… Ⅱ.①李… ②王… Ⅲ.①虹口区-地方史 Ⅳ.①K295.13

中国版本图书馆 CIP 数据核字(2021)第 086534 号

责任编辑 曹怡波 丁 辰
封面设计 姜 明

爱上北外滩·关于虹口的记忆
虹口港
李天纲 王启元 主编

出 版 上海人民出版社
(200001 上海福建中路 193 号)
发 行 上海人民出版社发行中心
印 刷 上海雅昌艺术印刷有限公司
开 本 890×1240 1/32
印 张 9.25
字 数 181,000
版 次 2021 年 8 月第 1 版
印 次 2021 年 8 月第 1 次印刷
ISBN 978-7-208-17095-7/K·3082
定 价 78.00 元